AF577492

TEILWEISE KRIMINELL

KURZGESCHICHTEN

DAS WOHNMOBIL

CLAUDIA WESTHAGEN, ANJA PUHANE,
ERIKA KIECHLE-KLEMT, ADAM S. PREUß

AUTOR:INNEN

Erika Kiechle-Klemt lebt und arbeitet im Raum München. Sie ist freischaffende Künstlerin, Autorin, Fotografin und Präsentationsdesignerin. In diesem Rahmen hat sie viele Awards und Anerkennungspreise erhalten. Sie schreibt mit großer Begeisterung Kurzgeschichten, Erzählungen und Lyrik. Dazu kommen Veröffentlichungen in Zeitschriften, Kalender und Ausstellungskatalogen. Zusätzlich gilt ihre Leidenschaft dem Reisen. Unter anderem besuchte sie viele Male Neuseeland mit einem Campervan.

Adam S. Preuß wurde 1974 an der Ostsee in Danzig geboren. Von Kindesbeinen an liebt er die Natur: Ständig draußen auf dem Bauernhof der Großeltern, am See direkt vor seinem Elternhaus, beim Angeln, Jagen und als Outdoor-Guide. Ob Schottland, Skandinavien oder andere Länder. Ganz Europa bereist er in seinem Camper Van und übernachtet jährlich viele Nächte draußen in der Natur. Er schreibt über Outdoor, Camping, und die Freiheit des mobilen Lebens und Arbeitens – oder wie es gerne auf neudeutsch heißt – »Vanliving« als digitaler Nomade. Adam S. Preuß ist Dipl. Betriebswirt, hat drei Kinder und lebt in Heidelberg.

Die Mönchengladbacher Autorin **Anja Puhane** schreibt Kurzgeschichten in diversen Genres. Zahlreiche wurden in Anthologien veröffentlicht. Ihre spezielle Leidenschaft sind Krimis mit überraschenden Wendungen und oft rabenschwarzem Humor. Seit sie an der Rowohlt Krimischule teilgenommen hat, ist ihr erklärtes Ziel, endlich einen Kriminalroman zu veröffentlichen. Allerdings kommt nach dem Motto »in der Kürze liegt die Würze« immer wieder eine Kurzgeschichte dazwischen. Aktuell hat sie mit einer Kurzgeschichte den ersten Platz beim Freiburger Krimipreis belegt. Sie ist Mitglied bei den Mörderischen Schwestern e.V..

Claudia Westhagen, geboren in München, ist eine vielseitige Autorin für Krimis, Thriller, Lyrik und neuerdings auch Liebesgeschichten. Nach dem Schauspielstudium folgten Bühne, Radio, Lesungen, Vorträge und eine eigenentwickelte Multi-Channel-Bühnen-Show. Ende 2016 gründete sie den myshow Verlag. Ihre Krimis sind für ihre raffinierten Plots und fesselnden Charaktere bekannt und haben eine loyale Fangemeinde gewonnen. Häufig ist sie mit Ihrem Wohnmobil auf Reisen, immer bereit, neuen Abenteuern zu begegnen und dabei das Besondere einzusammeln, das buchstäblich auf der Straße liegt. In TEILWEISE KRIMINELL schreibt sie über psychosoziale kriminelle Handlungen. Sie ist u.a. Mitglied bei Die Poesieboten e.V. und bei den Mörderischen Schwestern e.V..

Inhalt

Vorwort

Wo beginnt Kriminalität? Wo hört sie auf? Haben Sie darüber schon einmal nachgedacht?
Ist es kriminell, wenn man zu viel Geld hat? Einmal im Leben Glück haben möchte? Sein Wohnmobil an Drogendealer vermietet? Hinsieht, wo andere wegsehen?

Diesen Fragen geht die Reihe TEILWEISE KRIMINELL in ›Das Wohnmobil‹ spannend und unterhaltend nach. Das Besondere daran ist, dass in jedem Band Gegenstände,Orte und Personen episodisch miteinander verknüpft werden. Finden Sie in jeder Kurzgeschichte das Wohnmobil? Erkennen Sie Personen wieder, die Ihnen schon in einer der Geschichten begegnet sind?

In Band 03 der Reihe erleben Sie wunderschöne Urlaubsorte, gepaart mit Abenteuer pur. Die Autor:innen und Camper:innen schöpfen aus ihrem großen Erfahrungsschatz.
Natürlich sind die Geschichten frei erfunden. Jegliche Ähnlichkeit mit lebenden, toten oder realen Personen ist rein zufällig.

Steigen Sie ein. Halten Sie sich fest. Sicheres Ankommen ist nicht garantiert.

Ihre reiselustige

Claudia Westhagen

KATALONIEN

Ich bin ein altes Wohnmobil, wurde erst vermietet, dann ausrangiert. Ein Bastelliebhaber hat mich auf Vordermann gebracht. Neulich hörte ich ihn zu seiner Frau sagen:

»Fürchte, das ist sein letzter Sommer. Ich kann ihn nicht mehr reparieren. Auch wenn es mir in der Seele weh tut. Er wird bald ausgeschlachtet oder kommt zum Schrotthändler.«

Sicher, ich bin in die Jahre gekommen. Nicht modern und durchgestylt wie neuere Teile, die auf der Straße herumfahren. Manche sind ein Ferrari wert. Einige haben sogar mehrere Zimmer und eine Garage mit einem Smart drin. Ich bin zufrieden. Und, soll ich Ihnen was sagen? Eines habe ich diesen ganzen hochkomplexen »Monstern« voraus. Ich habe einiges gesehen. Von unendlich vielen Geschichten kann ich erzählen, die ich im Laufe meiner dreiunddreißig Jahre, die ich auf dem Buckel habe, erlebt habe. Witziges, Verwerfliches, auch einiges Kriminelles. Tausende Romanseiten würden meine Erlebnisse füllen, ganze Netflix-Serien. Und doch gibt es eine Geschichte, die mich bis heute tief berührt. Die Geschichte eines kleinen Mädchens und ihrem unglaublichen Mut. Sie hat dort hingeschaut, wo jeder wegschaut, auch auf die Gefahr hin, dass ihr Gewalt angetan werden würde. Aber ich greife vor. Auf meine alten Tage hin, sei mir das verziehen.

Es war ein verregneter ungemütlicher Tag im Juli, als ich wieder einmal neue Besucher aufnahm. Eine vierköpfige Familie. Der Vater, Claus, »Claus mit C und nicht mit K,« wie er immer betonte, war ein notorischer Besserwisser, der ums Verrecken nicht zugeben wollte, dass er zum ersten Mal ein Wohnmobil gemietet hatte. Er war mit manchem überfordert. Schuld waren, seiner Meinung nach, allerdings immer die anderen.Zusätzlich beherbergte ich seine Ehefrau, Amanda, immer voll durchgestylt. Keine Ahnung, was die auf einem Campingplatz zu suchen hatte. Aber solche Meinungen behalte ich selbstverständlich für mich.

Dann waren da noch die beiden Kinder, der zehnjährige Tom und die neunjährige Trude. Der Junge piesackte seine Schwester permanent. Und ... ich habe keine Ahnung, wie sie es geschafft hatte, so niedlich und nett zu sein, die Trude. Trude war eine Augenweide. Nein, nicht auf den ersten Blick.

Die Ehefrau, Amanda, – es stellte sich heraus, dass Claus Witwer war und ein zweites Mal geheiratet hatte – wünschte sich für Trude nichts mehr, als dass sie ein ganz schönes Mädchen werden würde. Eine Mammutaufgabe für sie, die arme Amanda, wie sie nicht aufhörte jedem kundzutun. Das Gejammere ging mir ganz schön auf den Geist.

Aber Trude wollte nicht schön sein. Sie wollte nur Trude sein. Fasziniert betrachtete ich sie. Wenn ich in ihre Augen sah, erkannte ich ihre innere Schönheit, ihre reine Seele. Wenn sie meinte, keiner höre ihr zu, redete sie mit den Blumen, die sich um einen Busch auf meinem Stellplatz rankten. Sie erzählte ihnen von den Elfen, denen sie im Pinienwald begegnet war und den Engeln, die mit den Wellen des Atlantiks tanzten.

Einmal, die Familie saß unter meiner Markise beim Abendessen, wagte Trude davon zu berichten. »Heute habe ich einen Troll gesehen. Das war lustig. Und …« Weiter kam die Arme nicht.

»Hör endlich auf mit deiner erbarmungswürdigen Fantasie«, stöhnte Claus.

»Entschuldige Liebling, ich habe es ihr so oft gesagt.« Amanda legte ihre Hand tröstend auf seinen Arm.

»Das ist keine Fantasie, sondern Blödheit«, feixte Tom. Trude standen die Tränen in den Augen. Ihr kleiner hübscher Mund verschloss sich.

Zu allem Unglück kam Amanda jetzt erst in Fahrt. »Eins sage ich dir, Kind. Unsere Nachbarin, die Uschi, die ist schon zum fünfzehnten Mal hier. Sie hat von dem Mann am Ende dieser Straße erzählt. Zwei Stellplätze weiter von uns. Ein ganz übler Typ. Meckert jeden an, giftet über alles. Keiner weiß, was er in seinem Wohnwagen treibt. Manchmal bekommt er Besuch. Auch nachts, trotz der Nachtruhe, die ab 22.00 Uhr eingehalten werden muss! Das ist denen egal. Komische Menschen sind das. Uschi verbietet ihren Kindern in die Nähe des Wohnwagens zu gehen. Jeder von uns macht einen großen Bogen um den Platz. Aber, wenn du, Trude, nicht aufhörst, so einen Quatsch zu reden, dann schicke ich dich zu ihm.«

Nachts, als alle schliefen, kletterte Trude aus dem Bett und setzte sich unter den Sternenhimmel. »Bist du da oben, Mama? Ich kann doch auch nichts dafür, dass ich seltsam bin. Du hast mich immer verstanden. Du hast gesagt, ich soll bleiben, wie ich bin. Ich fühle mich so allein.«

Am Ende der Straße blitzte ein Licht auf. Die Wohnwagentür des alten Mannes hatte sich geöffnet und eine Frau trat heraus.

»Verdammt, es tut mir wirklich leid. Ich habe es einfach vergessen.«

Eine grollende Stimme kam aus dem Inneren. »Hier geht es um Leben oder Tod. Kapier' das doch endlich.«

Erschrocken flitzte Trude in ihr Bett zurück. Nachts hörte ich sie im Schlaf murmeln. »Nein, nein tu mir nichts. Ich bin doch brav. Ich erzähle auch keinen Blödsinn mehr.«

Von dem Augenblick an beobachtete ich den Wohnwagen am Ende der Straße. Auf keinen Fall wollte ich, dass Trude etwas zustößt. Aber ich war ja nur ein Wohnmobil. Wie sollte ich helfen? Konnte ich im Notfall selbst losfahren? Auch wenn meine Markise dabei abgerissen werden würde? Und als ob Trude meine Gedanken gespürt hätte, legte sie beschwichtigend ihre kleine Hand auf meine Kühlerhaube.

»Alles gut«, flüsterte sie.

»Mit wem redest du da?«, giftete Amanda hinter ihr.

»Ich? Mit niemandem.«

»Denk dran, lass die Flausen in deinem Kopf, sonst schicke ich dich zu dem alten Mann am Ende der Straße.

Und jetzt hilf mir Geschirr abspülen.«

Trude zuckte zusammen. Mit hängenden Schultern folgte sie Amanda.

Auf dem Campingplatz wurde ein Flamencofestival veranstaltet. Die ganze Familie freute sich darauf. Als sie beim Abendessen saßen, kam eine der Frauen, die öfters in dem Wohnwagen bei dem alten Mann zu Besuch war, am Platz vorbei.

Ich beäugte sie misstrauisch. Wehe, wenn sie meiner Trude etwas antat!

Sie hatte einen großen Kochtopf dabei und ein Handtuch auf die Schulter gelegt. Es fiel ihr auf die Straße.

Trude sprang auf und rief: »Signora, Signora.«

Diese blieb stehen. »Hallo, ich bin Alba und du?«

Trude stoppte ruckartig. Das aufgehobene Handtuch in den Händen. »Ich, äh, Trude.«

»Ah, Trudie.«

Trude lachte und schüttelte den Kopf. »Nein, Trude.«

»Trudie.«

»Alles gut, hier Sie haben etwas fallen lassen.« Sie stockte. »Falls Sie mich verstehen.«

»Ich habe eine Weile in Deutschland studiert. Daher ist mein Deutsch nicht schlecht. Außerdem kommt mein Großvater, der alte Mann, der im Wohnwagen lebt, aus Deutschland.«

»Ein Deutscher?« Erstaunt sah Trude sie an.

»Trude, komm sofort her. Mit Fremden spricht man nicht. Das weißt du doch«, rief Amanda quer über den Platz.

Trude zuckte entschuldigend die Schultern und wies mit der Hand zu ihrer Familie. »Ich muss mal wieder.«

»Aber ganz klar. Danke noch einmal. Ich hätte meine Kartoffeln nicht schälen können, ohne Handtuch. Und was wird dann aus meinen Tapas?«

Trude riss die Augen auf. »Richtige spanische Tapas, davon habe ich gehört.«

»Nein, Trudie, richtig katalanische Tapas. Wir befinden uns hier in Katalonien.«

»Trude, komm sofort her.«

Trude stürzte begeistert zu ihrer Familie. »Tapas, katalische Tapas. Das ist cool, oder?«

Alba lachte von Weitem auf. Es war ein herzliches Lachen, das einem die Seele wärmt.

»Konnte sie ernsthaft böse sein? Wenn sie doch so von Herzen lacht?«, fragte ich mich.

»Nein, kleine Trudie. Katalonische, nicht katalische Tapas. Schmecken ausgezeichnet.«

»Amanda, Papa, darf ich auch mal echte Tapas probieren?« Trude war ganz aufgeregt.

Die Nachbarin vom linken Stellplatz, die Uschi, blieb am Platz stehen. Sie hatte eine hässliche rot–weiß gepunktete Bluse an mit Puffärmeln und eine Stola mit Fransen. Man stelle sich vor: alles aus Polyester. Es stank widerlich.

»Na, ist sie wieder anstrengend, eure Trude?«

Amanda antwortete theatralisch. »Nicht zum Aushalten.«

»Da muss man halt mal hart durchgreifen. Wie war das Rezept vom Wurstsalat? Hat es euch geschmeckt?«

»Oh, ja, er war herrlich. Und Brezeln hatten wir auch. Sie waren zwar nicht so gut wie bei uns, aber egal.« Stolz erzählte sie. »Ich habe ihn genauso gemacht, wie du gesagt hast. Ein Glück, dass es hier diese deutsche Discounterkette gibt. Da habe ich eine richtige Lyoner bekommen. Danke noch mal für den Tipp.«

»Sehr gerne. Ich habe auf dem Markt dieses typische Outfit gefunden. Sehe ich nicht aus wie eine Spanierin? Spitze, oder? Und denk dran. Hart durchgreifen!« Mit diesen Worten ging sie in das Sanitätshaus, ihren Beautycase in der Hand. »Kommst du, Amanda? Dann können wir uns gemeinsam schön machen.«

Trude hockte weinend im Schneidersitz am Boden. Sie hatte sich an meinen rechten Reifen angelehnt. Am liebsten hätte ich mit ihr geweint. Amanda hatte »Hart durchgegriffen!« Ihre Ziehtochter durfte nicht mit auf den Flamencoabend.

Ich sah, wie Alba einen Moment unschlüssig vor dem Platz stand und sie ansah.

»Hallo, kleine Trudie. Darf ich mich zu dir setzen?« Trude schnüffelte und nickte jämmerlich.
Alba setzte sich neben Trude und lehnte sich bei mir an. Sie roch wundervoll. Nach Sonne und Meer und noch irgendetwas, das ich nicht kannte.

»Na, wolltest du nicht auf den Touri-Flamencoabend?«

»Ich durfte nicht mit.« Trude schob die untere Lippe vor.

»Oh, haben es deine Mama und dein Papa verboten?«

»Sie ist nicht meine Mama. Meine Mama ist da oben.« Sie zeigte zum Himmel.

»Oh.«

»Sie war die Einzige, die mich verstanden hat. Früher, da war der Papa ganz anders. Aber seit Mama tot ist, nicht mehr. Nichts kann ich ihnen recht machen. Immer bin ich die Kooomische und mache alles falsch. Ich gehöre nicht mehr dazu«, brach es aus Trude heraus.

»Oh, dann geht es dir ganz ähnlich wie meinem Großvater. Alle nennen ihn Opa Miguel.« Mitfühlend legte Alba den Arm um sie.

Nun hatte sie Trudes volle Aufmerksamkeit. »Wieso?« Wie Kinder sind, wollte Trude nun alles wissen. »Der Wohnwagen, auf dem steht: Corona Catalano und Flor estimada. Ich habe in meiner App nachgeschaut, spanisch ist das nicht. Was heißt es und wieso hat er es auf dem Wohnwagen stehen? Was hat er alles verloren?«

»So viele Fragen. Und du bist noch so klein.«

»Neugierig groß!«

Alba schmunzelte. »Ja, das glaube ich wohl. Katalonien gehört zu Spanien. Es gab einmal eine Zeit, da war dieses stolze Land unabhängig. Wir hatten sogar eine richtige Krone.«

»Und wer war der König?«

»Es gab keinen. Die Menschen, die hier leben, wollten keine Knechtschaft. Es gab nur einen Grafen. Die Geschichte erzählt, dass es in Katalonien eine Art Parlament gab. So wie heute viele Länder dieser Erde das haben.

Aber damals, im Mittelalter, war das sehr selten.«

»Und jetzt gehört ihr euch nicht mehr?«

Wehmütig lächelte Alba. »Weißt du, Trudie. Niemand gehört irgendjemand. Lass' dir das niemals einreden im Leben. Trotzdem wollen wir anerkannt, geliebt und verstanden werden.«

»Amanda versteht mich nicht.«

»Vielleicht hat sie Angst.«

»Angst, vor mir?« Ungläubig sah sie Alba an.

»Ja, gebt euch eine Chance.«

»Hm. Was heißt jetzt Flor estimada.«

»Das ist katalanisch und heißt: ›geliebte Blume‹. Opa Miguel ist vor vielen Jahren als Musiker in dieses Land gekommen. Da hat er auch meine Oma Flora kennengelernt. Es war Liebe auf den ersten Blick. Er spielte Gitarre. Er hat mit einem Orchester gespielt, bei einer Sardana.«

»Sardana?«

»Ja, wir tanzen auch Flamenco hier, aber vor allem tanzen die Katalanen die Sardana.«

»Was ist das, das will ich auch.«

»Sardana ist ein Volkstanz. Alle vom Dorf treffen sich und tanzen gemeinsam im Kreis. Ein Orchester spielt. Danach gibt es gutes Essen und zu trinken. Heute Abend gehe ich zu einer Sardana. Dafür habe ich die Tapas gekocht.«

»Erzählst du mir dann davon?«

»Sehr gerne. Und nun sei nicht traurig. Hier ist es so schön.«

»Warum ist dann Opa Miguel so grantig?«

»Langweile ich dich nicht mit meinen Geschichten?«

»Nein, ich will aaalles wissen.«

»Nach ihrer Hochzeit waren die Großeltern für kurze Zeit in Deutschland. Aber meine Oma hatte Sehnsucht nach ihrer Heimat. Sie konnte nur hier leben und wir hatten eine Diktatur.«

»Das habe ich auf einer Doku gesehen, auf YouTube. Ich schaue mir immer alles an, wenn ich wohin zum Urlaub fahre. Ist so spannend. Franko war ein böser Mann, nicht?«

»Eines Tages verschwand meine Oma. Man sagt, sie haben sie mitgenommen. Opa hat keine Auftritte mehr bekommen. Er durfte nicht spielen. Nach Deutschland wollte er nicht. Er hat immer gehofft, dass seine Flora wieder zurückkommt. Er hat nirgendwo mehr dazugehört.«

Eifrig nickte Trude. »So wie ich auch.«

»Er hat es geschafft vier Kinder großzuziehen. Das war nicht einfach für ihn. Meine Mama musste schon als kleines Mädchen mithelfen. Trotzdem hat er so oft es ging Gitarre gespielt. Seinen Kindern hat er immer erzählt, dass er ihre Mutter sehen würde, wie sie tanzt. Wenn er spielt. Und dass sie bei ihnen wäre im Herzen und sie küssen würde voll Liebe. Von oben bis unten und wieder zurück. Das waren die glücklichsten Momente im Leben meiner Mama. Als Opa Miguel erfahren hat, dass seine Flora nicht mehr lebt, ist er sehr krank geworden. Seitdem kann er kaum noch Gitarre spielen.«

»Da wäre ich auch grantig.«

»Jetzt muss ich aber gehen. Kommst du zurecht? Ich

verspreche dir, ich mache Fotos von der Sardana und zeige sie dir. Es gibt auch herrliche Musik. Und morgen bringe ich dir Tapas vorbei.«

»Das ist super. Ich schau mir das schon mal auf meinem Handy an.«

»Gute Nacht, kleine Trudie.«

»Gute Nacht Alba und viel Spaß.«

Trude holte ihr Handy und sah sich Filme an, wie Menschen die Sardana tanzten. Sie versuchte die Tanzschritte nachzuahmen. Es war eine Freude ihr zuzusehen. Als sie müde wurde, kuschelte sie sich in ihre Decke. Dunkelheit umhüllte uns. Von der Ferne war Flamencomusik zu hören.

Trude war noch immer allein. Leise Schritte näherten sich. Vorsichtig lugte sie unter ihrer Decke hervor. Sie konnte drei Männer erkennen, die auf den Wohnwagen von Opa Miguel zuschlichen. Einer davon sah in die Fenster.

»Er ist da. Und er ist allein. Die sind alle bei dem Touri-Spektakel.«

»Sehr gut, dann kann es losgehen.«

Trude verhielt sich mucksmäuschenstill. Die Männer brachen die Wohnwagentür auf.

»Hey, was soll das?« Der alte Mann zeterte.

Ängstlich nahm Trude ihr Handy unter die Decke und rief bei ihrem Vater an. Er ging nicht ran. Dann versuchte sie es bei Amanda.

»Trude, hier ist es wunderschön. Wenn du nächstes

Mal brav bist, darfst du mit.«

»Amanda, hier ist etwas sehr komisch.«

»Geht das schon wieder los.«

»Da hinten bei dem alten Mann, da stimmt etwas nicht.«

»Trude, jetzt reicht es. Der alte Mann geht uns nichts an.«

»Bitte, ihr müsst kommen, bitte«, flehte Trude.

»Ich lege jetzt auf und schalte mein Handy aus. Wenn du noch wach bist, wenn wir zurückkommen, dann gibt es richtigen Ärger.«

»Aber ...«

Vom Wohnwagen war ein lautes Scheppern zu vernehmen. Sie zerrten den alten Mann aus seiner Unterkunft und warfen ihn in das Gras.

»Du meinst, du kommst ungeschoren davon? Da!« Einer traktierte ihn mit Tritten. »Du Sau. Hau ab von hier. Du hast hier nichts zu suchen.«

»Was soll ich tun«, flüsterte mir Trude zu. Tja, was soll ein Wohnmobil schon machen? Gab es da nicht eine Nummer, die man anrufen konnte? Und als ob Trude meine Gedanken erraten hätte, sagte sie leise: »112, die Notrufnummer.« Aufgeregt wählte sie. »Hallo, hier ist Trude. Ich kann nur deutsch. Da ist ein Mann, die bringen ihn um.«

»Hör zu. Verstecke dich im Wohnmobil. Wir kümmern uns darum. Sag uns genau, wo du bist.«

Sie erklärte es ihnen.

»Wo sind deine Eltern?«

»Beim Flamenco. Die gehen nicht ans Telefon.«

»Okay, ganz ruhig. Schließ dich im Wohnmobil ein. Wir kommen so schnell wie möglich.«

»Aber, ich muss doch helfen.«

»Du hilfst sehr, wenn du dich versteckst. Hörst du! Meine Kollegin ruft gerade schon am Campingplatz an. Der Betreiber wird sofort kommen und wir auch. Sperr dich ein.«

Trude dachte nicht daran. Fieberhaft suchte sie etwas in ihrem Handy. Sie ging ins Wohnmobil und verschloss die Tür. Sie quetschte sich auf den Fahrersitz und hupte wie wild. Schon war sie wieder herausgehüpft. Sie stellte ihr Handy auf Lautsprecher und ließ einen Film abspielen. »Euch mach ich alle. Ich ziele mit einer Kanone auf euch. Es folgten Schüsse.« Trude sah erleichtert, wie die drei Männer davonliefen.

Die Tür zum Wohnwagen stand offen. In dem Moment bemerkte sie es. Eine Stichflamme schoss empor. Sie hörte den Mann stöhnen. Sofort war sie bei ihm.

»Opa Miguel, Opa Miguel.«

»Die Gitarre, sie haben meine Gitarre zerbrochen.«

»Opa Miguel, da brennt es. Wir müssen weg.«

»Ich bin alt, ich kann nicht weg«, ächzte er. Es war ihm unmöglich sich zu bewegen. Blut rann aus der Kopfwunde.

»Mein Papa hat gesagt, dass es gefährlich ist auf dem Campingplatz, wenn es brennt. Weil das Gas, das explodiert. Und die Nachbarn auch. Wir müssen weg.«

Sie zerrte an dem alten Mann. »Sie müssen mithelfen.«

»Die Kerze, umgefallen, die Spritze, ich brauche Spritze. Ich habe Zucker. Im Wagen. Aber sie vergisst es immer. Spritze.« Verwirrt grummelte er vor sich hin.

»Ich gehe und hole sie.«

»Nein!« Der Mann packte mit dürren Fingern Trudes Arm.

»Auf keinen Fall. Lauf weg. Lass mich liegen. Ich sterbe sowieso.«

»Nein, das tue ich nicht.« Sie sah zum Wohnwagen. Die Flammen umzüngelten die Vorhänge der Fenster.

»Ich kann nicht rein. Wir müssen weg. Sie müssen helfen. Bitte. Ohne Sie gehe ich nicht.« Mühsam zog sie an ihm. Hager wie er war, war er doch zu schwer. »Der Bollerwagen. Ich hole ihn.« Flugs war sie zu unserem Platz gelaufen und wieder zurück. »Helfen Sie. Sie müssen in den Bollerwagen. Ich ziehe Sie.«

Ein Krachen ertönte hinter ihnen. Das Feuer fraß alles auf, was sich ihm in den Weg stellte. Endlich hatten sie es geschafft, Opa Miguel hing halbwegs im Wagen. Trude zog und rannte und schrie: »Hilfe, Hilfe. Es brennt.«

Als sie bei uns am Platz vorbeikamen, hielt ein Golf Caddy neben ihr. »Bist du Trude, die die angerufen hat? Mir gehört der Campingplatz. Lauf zum Marktplatz, schnell. Da steht schon ein Krankenwagen.«

Und Trude lief und zog ächzend den Wagen hinter sich her. Kurz bevor sie außerhalb meiner Sichtweite um die Ecke rannte, kam ihr ihre Familie entgegen.

Amanda nahm den Leiterwagen und ihr Vater hob Trude hoch. Sie deutete in Richtung Marktplatz, wo gerade alle fröhlich und ahnungslos gefeiert hatten.

Der nächste Morgen war angebrochen, der Wohnwagen des alten Mannes restlos ausgebrannt. Das Ende der Straße war abgesperrt.

Zwei Tage später, es neigte sich dem Abend zu, sah man nur noch verbrannte Erde auf dem Platz von Opa Miguel.

In dieser Nacht ging es unter meiner Markise heiß her. Spanische, excusa, katalanische Klänge erfüllten die Luft. Also an die Stimme von Sílvia Pérez Cruz könnte ich mich gewöhnen. Unsagbar gut! Alba hatte mit Amanda zusammen Tapas gekocht. Eingelegte Sardinen, Algensalat, Aglio und gegrillte Pilze, Paprika und Chorizo, eiferten mit ihren Düften um die Wette. Fantastisch. Die Katalanin hatte einen Teil ihrer Familie mitgebracht. Mitsamt ihren Stühlen, Hockern und Decken. Gitarren lagen an meine Tür zur Heckgarage gelehnt. Das war ein Geschnatter, Gequatsche und Gesumse in Deutsch, Spanisch, Katalanisch, Französisch und Englisch. Lebensfreude pur!
Ein Glück, dass ein kleiner Wind durch den Pinienhain rund um uns herum wehte. Für mich ist dieser Geruch der Inbegriff von Sommerurlaub. Deshalb nahm keiner wahr, wie ich erleichtert durchatmete.

»Kleines, komm her«, wies Claus sie an.
Trude zögerte. Was hatte sie jetzt schon wieder falsch gemacht?

Er zog sie auf das ausgezogene Faltsofa. »Ich kann dir nicht sagen, wie dankbar ich bin, dass es dich gibt. Wenn das Gas explodiert wäre! Bei dem trockenen Sommer hätten die Pinien gebrannt wie Zunder. Dann wären die Gasflaschen der nahestehenden Stellplätze explodiert. Das geht so schnell. Und dann hätte ein Feuerball Menschen getroffen. Was für eine Katastrophe. Du hast uns gerettet.« Er stutzte. »Aber Himmel, das war es gar nicht, was ich sagen wollte. Entschuldge, bitte. Wenn ich mir vorstelle, dass du allein hier warst. Das war eine Katastrophe! Ich weiß, ich habe eine Menge falsch gemacht, seit, seit …«

»Seit Mama tot ist?«

»Ja, da hast du wohl Recht. Verzeihst du mir, Trude?« Zärtlich nahm ihr Vater sie in den Arm. »Du warst so tapfer, meine Kleine. Aber, und das meine ich ernst, Trude. Wenn je wieder etwas passiert, verstecke dich. Das war absolut gefährlich, was du gemacht hast. Versprichst du mir das?«

»Hm, aber du hast nicht alles falsch gemacht«, besänftigte dieses warmherzige Mädchen ihn. »Amanda ist doch gut, oder?«

Überrascht blickte ihr Vater sie an. »Womit habe ich ein so hinreißendes und kluges Mädchen verdient?«

»Was denkst du, Papa? Wir werden schon mit Amanda klarkommen, oder?«

Trudes Bruder war vorsichtig an das Sofa herangetreten.

Ihr Vater klopfte mit der Hand neben sich. »Setz dich, Tom. Was hörst du denn da?«

»Alba hat mir eine coole Mucke aufgespielt. Manu Choc. Echt nice.«

»Amanda muss auch her«, rief Trude. Mit Tränen in den Augen und leicht verunsichert setzte ihre Stiefmutter sich zu ihnen.

Die bunte Lichterkette leuchtete in der Dunkelheit.

Alba setzte sich neben Trude auf den Boden, gelehnt an meinen rechten Reifen. »Wie geht es dir, Trudie?«

»Jetzt geht es mir gut.« Eine wohltuende Stille breitete sich zwischen den beiden aus.

»Warum haben die das gemacht, die Männer?«

Einen Augenblick war Alba in Gedanken versunken. »Manche Dinge können wir zwar erklären, aber nicht verstehen. Das ist gut so.«

»Weil, weil wir sowas nie machen würden?«

Alba wuselte über ihr Haar. »Ja, da hast du wohl recht. Unsere Herzen würden das nicht wollen.«

»Es freut mich, dass es Opa Miguel schon besser geht.«

»Hm, weißt du was, liebe Trudie? Wenn ich einmal eine Tochter habe, dann werde ich sie Trudie nennen. Gute Nacht, Kleine.« Mit diesen Worten verschwand sie in der Dunkelheit.

»Und ich werde dich immer Fee Alba nennen. Von oben bis unten und wieder zurück«, wisperte Trude ihr hinterher.

Liebevolle Gespräche, fröhliches Necken und lautes Kichern vernahm ich nun am Platz. Die Familie verbrachte noch einen magischen Sommerurlaub. Als sie im regnerischen Deutschland wieder ausstiegen, verabschiedete Trude sich von mir. »Danke, liebes Wohnmobil. Du hast mir Glück gebracht. Ich werde dich nicht vergessen.«

Ich habe sie nie wiedergesehen.

Es ist tiefdunkel. Kein Stern am Himmel sichtbar. Scheinwerfer leuchten auf, kommen näher. Das Wohnmobil, GA627 Sonderedition, parkt wieder neben meinem Stellplatz. Ich nenne es GA. Es spuckt die Männer aus, die sich das Wohnmobil schon öfter ausgeliehen haben, mitsamt seinem Besitzer Luis. Manchmal unterhalten wir uns nachts. GA und ich. Wir plaudern über die Büsche hinweg, die unsere Stellplätze trennen.

»Die Parzellen sehen aus, wie offene Pferdeboxen. Trotzdem traut sich keiner die ›Koppel‹ des anderen zu betreten. Menschen sind schon seltsame Wesen«, flüstern wir uns zu und glucksen. Ganz leise, damit uns niemand hören kann.

Vielleicht belauscht uns der Wind? Wir vertrauen uns Anekdoten von unseren Reisen an. Und eines Abends erzähle ich GA von Trude. Damit sie nicht verloren geht, die Geschichte mit dem kleinen Mädchen. Weiß ja nicht, was das bedeutet mit dem ›Verschrotten‹. Er ist so gerührt, dass Tränen von seinen großen Scheinwerfern fließen.

Als sein Besitzer dies bemerkt, entschuldigt er sich bei seinen Kumpels: »Keine Sorge, muss Kondenswasser sein, oder so.«

Wir beide wissen es besser.

NORDSEE

Meine Frau Rosa und ich lieben Camping. Allerdings kann das Leben von Wohnmobilisten einstweilen teurer werden, als Urlaube im 5-Sterne-Hotel. Aber mit dem richtigen Geschäftsmodell gibt es Möglichkeiten, sich ein lukratives Zusatzeinkommen aufzubauen, wie ich lernen durfte. Alles fing damit an, dass mein heiß geliebtes Oldtimer-Wohnmobil den jährlichen Budgetrahmen für seinen Unterhalt gesprengt hat. Genauer gesagt, befand meine Frau, dass die mittlerweile schon vierte Reparatur innerhalb eines Jahres das Konzept der Liebhaberei mit solch einem Fahrzeug mehr als überdehnt.

Da einerseits eine Trennung, also von meinem Oldtimer, für mich nicht in Frage kam, und ich andererseits meine Frau sehr vermissen würde, musste ein Plan her. Man hat ja schneller mehr Geld verdient, als gespart, wie ich von meinem baldigen neuen Freund Lucky lernen durfte.

Ich hatte von einer Onlineplattform gehört, die als private Verleihbörse von Campingfahrzeugen, Wohnmobilbesitzer und Reiselustige zusammenbringt. Sie stellen dort ihr Fahrzeug mit Bildern, Texten und ihrem Wunschpreis pro Verleihtag ein und werden von Interessenten kontaktiert. Werden sie sich untereinander bezüglich Termins, Dauer, Reiseroute und Preis einig, kommt es zur Buchung. Der Vertrag kommt über die Plattform zustande. Sie erhalten ihr Geld direkt überwiesen, abzüglich einer Vermittlungsprovision, die die Plattform einbehält. Es gibt wohl sogar schon Wohnmobilisten, die gar nicht mehr selbst verreisen. Sie verleihen ihr

Gefährt nur noch. Manche legen sich weitere zu und betreiben regelrecht einen Vermieter-Fuhrpark. Sie sehen schon, ein lukratives Geschäft. Aber noch lange nicht so profitabel, wie das meinige, von dem ich Ihnen hier gleich erzählen werde.

Unser Oldtimer ist ein 1985er Acapulco 54. Sie haben ihn bestimmt schon in einem amerikanischen Krimi gesehen. Diese kantigen WoMos mit dem nussbraunen Zierstreifen im Bodenbereich und dem riesig wirkenden Alkoven über der Fahrerkabine wirken in solchen Filmen durch dieses Aussehen schon generell verdächtig und werden immer von den Gangstern gefahren. Mit diesem alten Schatz auf einen Campingplatz zu fahren, sichert einem immer viele Blicke der Anwesenden zu. Er wirkt nicht nur groß, sondern auch etwas zwielichtig wie ein Kleinkrimineller.
Da für unseren Oldie sehr lange Reisen allerdings zu strapaziös sind und nach den Gesetzen der Wahrscheinlichkeitsrechnung zu noch mehr Werkstattkosten führen würden, haben wir uns vor einiger Zeit einen nahezu neuen GA627 Sonderedition zugelegt. Ein modernes und, wie wir finden, auch sehr hübsches Campingfahrzeug. In schlichtem Weiß, mit dezenten Zierstreifen und einem gefälligen Aufbau über der Fahrerkabine ist dieser Teilintegrierte nun seit geraumer Zeit unser Langstrecken-Vehikel.

Wir wohnen im schönen Kleve unweit der niederländischen Grenze und machen Roadtrips sowohl an die

Nordsee als auch gerne ins Gebirge. In Holland und Norddeutschland sind wir nostalgisch mit unserem Oldie unterwegs. Für die südlichen Touren ins Allgäu und noch weiter in den Süden muss es dann schon, auch wegen des Fahrkomforts, der GA627 sein. Und seitdem meine Frau und ich unsere Jobs als Autorin und Berater hauptsächlich online bewerkstelligen können, wagen wir uns gerne in südlichere Gefilde vor.

Da ich ausprobieren wollte, ob die Interessenten sich mehr auf die neuen Wohnmobile fokussieren, oder es viele Oldtimer Liebhaber wie mich gibt, habe ich sowohl unseren Acapulco als auch unseren kleinen GA627 eingestellt.

Zunächst kamen nur für unseren Kleinen vereinzelte Anfragen. Ein Pärchen wollte im Juni für zwei Wochen in die Toskana, eine Familie mit ihren Kindern im August ans Nordkap, und eine Frau wollte ihrer Frau zum runden Geburtstag die sechswöchige Ostsee-Umrundung schenken. Wie soll es anders sein, auch im Sommer.

Eigentlich hatte ich gehofft, unsere WoMos sofort und in den Zeiten zwischen unseren eigenen Urlauben zu verleihen. Nun waren die von den Interessenten angefragten Termine streng genommen die gleichen, die ich für unsere eigenen

Touren hätte vorab im Buchungskalender sperren sollen. Zudem wurden unsere WoMos für solch große Touren angefragt, die in Kilometern gerechnet mit der daraus resultierenden Abnutzung und dem damit einhergehenden Wertverlust, die Einnahmen nicht wirklich aufwiegen konnten. Dennoch wollten wir es ausprobieren und bestätigten einige uns als passend erscheinende Anfragen.

Von zehn Vermietungen hatten wir acht coole Leute, auch Pärchen dabei. Sie waren begeistert, endlich mal in die Welt des Campens reinschnuppern zu können. Mir gefiel es, dies den Leuten zu ermöglichen. Bis auf die zwei Vollpfosten, die anfangs bei der Übergabe alles toll fanden und später Geld zurückwollten, weil unser Oldie ihnen zu «abgerockt« war. Was haben die denn erwartet, wenn sie einen Oldtimer ausleihen? Später stellten wir fest, dass sie etliches, wie zum Beispiel Klappscharniere oder den Wasserhahn beschädigt hatten, und mit ihrem Gemecker nur ablenken wollten. Dann war da noch das etwas dubios wirkende Pärchen aus Wien. Sie wollten zunächst Norditalien bereisen und sind dann bis nach Sizilien gefahren. Das hatte ich bei der Anfrage nicht überrissen. Noch heute tut mir jeder einzelne von den beiden gefahrene Kilometer für unseren Camper leid. Auch weil die beiden wohl nicht gerade gemächlich unterwegs waren. Noch zwei Jahre danach haben wir etliche Verwarnungen und Radarfallen–Strafzettel aus Italien erhalten. Dennoch muss man ihnen zugutehalten, dass sie die Bußgelder anstandslos beglichen haben, nachdem wir ihnen diese weitergeleitet haben.

Ich tat mir also immer schwerer damit, für das nach

Abzug der Vermittlungsprovision nicht wirklich üppige Geld, unser mit uns verwachsenen und harmonierenden Reise- und Abenteuerfahrzeuge in fremde Hände zu geben und auf Touren zu schicken, die wir selbst noch auf unserer Bucketlist vor uns hatten.

Bis dann die erste interessante und offensichtlich optimal passende – sagen wir, alles verändernde – Anfrage reinkam.
Lucas Pedro Teixeira. Er will einen Kurztrip von Holland nach Frankfurt machen. Und zwar mit mehreren Freunden, sodass gleich unser Kleiner und unser Oldie angefragt wurden.
Sein Nachname wird »Teyschira« ausgesprochen, ist brasilianisch und Lucky, wie er von Freunden genannt wird, lebt in Holland in der Nähe von Nijmegen. Die Aussprache seines gesamten Namens mit seinem niederländischen Wohnort »Naimechen« klang schon sehr imposant, als er sich das erste Mal am Telefon meldete:

»Hudde Taach, mein Naame iss Luucas Piedro Teyschira aus de Naimechen. Ich bin an ihrem Wohnmobil interessiert; genauer gesagt sogar an beiden Campern.«

»Äh, hallo – ich bin Luis. Beide Wohnmobile? Auf einmal, also gleichzeitig?« Ich merke, wie ich selbst perplex über diese ungewohnt und dennoch Erfolg auf höhere Einnahmen versprechende Anfrage reagiere.

»Jjaaaa … genau. Ich arbeite sehr viel – wir sind auf Gewürzhandel spezialisiert und deshalb habe ich beschlossen, nun öfter mit meinen drei Freunden regelmäßige Roadtrips zu machen. Sozusagen Mikroadventures, wie man das heutzutage nennt. Wir pendeln geschäftlich viel zwischen Holland, Frankfurt und der Nordsee bis hoch nach Skandinavien. Das wollen wir mit Ausflügen in die Natur zum Angeln, Wandern und Chillen verbinden. Da wir vier Freunde sind, brauchen wir zwei coole Camper.«

»Ja, da bist du genau richtig bei mir. Unser Oldie könnte mit zweitem Namen cool heißen und unser neuer Kleiner, wie wir unseren GA627 nennen, ist ein ebenbürtiger Nachfolger des Acapulcos.«

»Ich liebe diese alten Acapulco Wohnmobile – mein Vater hatte mal einen und wir haben halb Europa damit bereist!«

»Ja, cool. Das nenne ich mal einen perfekten Match!« Wir sind uns auf Anhieb sympathisch.

Lucky möchte schon am kommenden Wochenende einen Kurztrip nach Frankfurt machen. Damit Lucky und seine Jungs mit der Anreise nach Deutschland nicht zu viel Zeit verlieren und schnellstmöglich in ihr Camping-Abenteuer starten können, bittet Lucky mich, dass ich mit unserem Kleinen zuerst nach Nijmegen komme, da er selbst mit dem Zug vorfahren wird, um seiner in Deutschland lebenden Mutter einen Kurzbesuch abzustatten. So können seine zwei Freunde ihr ganzes Gepäck in mein WoMo einladen und ich die beiden dann zurück nach Deutschland mitnehmen. Dort nehmen sie dann unseren Oldie mit und fahren allein mit beiden Campern weiter. So können die beiden auf dem Weg nach Frankfurt dann den anderen Kumpel und Lucky einsammeln. So kann endlich ein tolles Wochenende beim Sightseeing und Angeln für alle vier Jungs starten.

Zunächst bin ich etwas skeptisch, da ich gerne beide Fahrzeuge vermieten und damit guten Umsatz machen will, aber dafür zusätzlich durch die Weltgeschichte fahren, kostet mich ja auch Zeit – wenn auch Nijmegen nur ca. dreißig Minuten von meinem Heimatort entfernt ist. Lucky spürt sofort meine Bedenken und spricht dieses sowie auch noch das weitere Thema an, nämlich dass wir unserem Oldie gar nicht so weite Strecken aufbürden wollen.

Deshalb bietet Lucky mir noch vor der ersten Vermietung an, dass ich selbstverständlich meine Fahrzeiten fürstlich honoriert bekommen soll. Am besten cash, damit ich das «ohne Finanzamt« abrechnen kann, wie er es nennt. Wenn sie das Fahrzeug wieder abgeben, wird für mich ein Umschlag mit einem Bündel Geld im Klappschrank liegen, wo normalerweise unsere Reiseklamotten sind. Sollte es zu wenig sein, ist er bereit, es so anzupassen, dass ich auf jeden Fall zufrieden sein werde.

Lucky lässt nicht locker und erklärt mir sogleich seinen gesamten Plan für weitere zukünftige Anmietungen, da es nicht bei einem Roadtrip bleiben soll:

»Luis, wir wollen den Spaß mit meinen Jungs und deinen coolen Campern ja so oft wie möglich machen. Deshalb werden wir nur die erste Anmietung über das Portal machen. Alle weiteren Buchungen mache ich direkt bei dir. Dann bleibt noch zusätzlich die Provision bei dir. Selbstverständlich cash in kleinen Scheinen, wie sich so etwas gehört.«

»Uih, ja das klingt natürlich sehr verlockend«, stammele ich, merke aber, wie ich währenddessen bereits meine neue Tagesmiete ohne Provisionsabzug mit einer stattlichen Zahl von Vermietungstagen gedanklich multipliziere. Sind wir ab einem bestimmten Betrag nicht alle irgendwie käuflich?

Lucky lässt nicht locker: »Und damit du auch am liebsten mit mir Geschäfte machst, statt an die Joggies vom Portal zu vermieten, setzen wir den Tagesmietpreis direkt um fünfzig Prozent hoch. Na, wie klingt das für dich?«

Er hat mich schon beim Geldumschlag im Klappfach. Aber ich nehme den höheren Mietpreis gerne an, da wir ja immerhin auch die teuren Reparaturen von Oldie bezahlen wollen und der Kleine muss auch ab und zu in die Wartung.

»Also ich glaube, wir haben einen Deal!«, sage ich in einem Ton, als würden wir uns gerade den dazu passenden Handschlag geben.

«Wenn uns die Roadtrips mit deinen Wohnmobilen Spaß machen, dann wirst auch du so viel Spaß und zudem noch Geld damit verdient haben, dass du dir noch ein neues Wohnmobil kaufen kannst«, schloss Lucky fröhlich klingend unser Verhandlungsgespräch ab. Los geht die erste Tour. Ich starte also von Kleve aus mit unserem Kleinen Richtung Niederlande. Unsere Länder liegen so dicht beieinander, aber sobald man über die Grenze fährt, spürt man sofort, dass man in einem anderen Land ist. Nicht nur die Straßen und Gebäude sehen etwas anders aus. Man kann auch das Flair und die andere Mentalität der Menschen hier spüren.

Ich genieße die Wechsel der Nationalitäten. Die Gewerbegebiete und Gebäude links und rechts der Autobahnen wirken im Gegensatz zur deutschen Szenerie, die oft anonym und spießig daherkommt, einladend und heimelig überschaubar auf mich. Die niederländische Architektur mit den Firmennamen an den Gebäudefronten wirken auf mich herzlich einladen. Schon das nach der Grenze kleine, aber dennoch imposant wirkende Hotel der van der Valk Kette, heißt mich mit seiner gestaffelten Zeltdachstruktur willkommen, wie ein All-inclusive-Urlaub im fernen warmen Ländern. Das wünsche ich mir auch für deutsche Autobahnen und Hotels, statt der kalt wirkenden rot-weißen Logos, die statt mit Gemütlichkeit, mit billig wirkenden neunundneunzig Euro Versprechen überzeugen wollen.

Ich habe es mir angewöhnt, immer erst in den Niederlanden zu tanken. Auch wenn der Sprit dort etwas teurer ist. Ich liebe den Service der Holländer. Man wird geduzt und fühlt sich immer auf einen Small Talk willkommen. So steuere ich voller Vorfreude und auch mit einer gewissen Aufgeregtheit Richtung meiner neuen niederländischen Freunde.

Nach knapp dreißig Minuten Fahrt, bin ich da und werde von Lucky überschwänglich begrüßt. Er scheint sich auf seinen Kurzurlaub zu freuen. Wir besprechen nochmal die Details:
Ich fahre morgen früh, nachdem die Jungs alles gepackt haben, mit José und Vadim nach Kleve. Von Kleve aus fahren Vadim und José dann allein mit unseren beiden Campern los und werden auf dem Weg Richtung Frankfurt noch ihren Freund Erik und auch Lucky einsammeln, der sich nun verabschiedet, damit er den Zug nach Deutschland zu seiner Mutter nicht verpasst.

Vadim und José wirken nicht so offen wie Lucky. Aber sie scheinen sich sehr aufs Angeln zu freuen. In ihrer Lagerhalle steht eine ganze Menge Angelausrüstung. Ob die beiden wissen, dass Lucky nur für das Wochenende gebucht hat? Die Ausrüstung sieht nach einem zweiwöchigen Norwegentrip zum Hochseefischen aus und weniger nach Stippangeln am hessischen Forellenteich. Aber Hauptsache, sie genießen den Roadtrip und die gemeinsame Zeit.

Vadim inspiziert mein Wohnmobil, als ob er es kaufen wollte. Er schaut sich alle Stauräume und jede noch so kleinste Nische an. Er würde auch einen guten Zollfahnder abgeben, vor dem kein Versteck unentdeckt bleibt. Sie haben aber auch einiges an Gepäck und müssen noch zudem ihre Klamotten einpacken. Gut, dass sie auf der Reise zwei Wohnmobile haben. Sonst wäre es zu eng mit all dem Reisegepäck. Man erkennt am Packen sofort, ob jemand das erste Mal mit einem Camper verreist oder bereits Erfahrungen damit hat, dass man nicht alles mitnehmen kann, aber auch nicht muss.

Lucky hat für mich in einem netten Restaurant um die Ecke einen Tisch reserviert, wo ich die niederländische Küche genießen darf. Ich gönne mir einen Stamppot, eine Art Kartoffelstampf mit Gemüse, den obligatorischen Haring – roher Hering mit Zwiebeln – und zum Abschluss mein Leibgericht den Oliebollen, einen frittierten Krapfen, der mir mit Rosinen und Puderzucker serviert wird. Rechnung geht auf Lucky.
Währenddessen beladen Vadim und José ihr Reisefahrzeug.

Danach düsen wir also wieder nach Kleve. Dort startet der erste Roadtrip meiner neuen Freunde. Vadmin darf unseren Oldie fahren und José übernimmt das Lenkrad von mir in unserem Kleinen. Ich weise Vadmin ein, auf welche Eigenheiten er bei unserem Acapulco achten muss.

«Isch kenne Accapulco, mein Freund«, sagt Vadim.

«Isch bin schon Accapulco von Luckys' Vater gefahren«, ergänzt er.
Ohkee – die Jungs kennen sich scheinbar wirklich aus. Das ist sehr beruhigend für mich.

Während ich mit Vadim und unserem Acapulco zugange bin, erklärt meine Frau José die wenigen überschaubaren Schalter und Details an unserem Kleinen.

Nicht weil unser modernes Wohnmobil zu kompliziert zu bedienen ist, wie unser Oldtimer – die Autos von heute sind ja sehr bedienerfreundlich und intuitiv gestaltet – sondern eher, weil sie aufgrund ihrer Skepsis gegenüber diesen neuen unbekannten Freunden Rechnung tragen will. Dies lässt sie mich auch dann abschließend, nachdem die beiden mit unseren WoMos losgedüst waren, spüren: »Was ist das für eine komische Männergruppe, denen du unsere Camper anvertraut hast?«

»Wieso komisch? Die wollen mal ausspannen und ne Männertour mit Angeln und Bier trinken machen«, entgegne ich.

»Bier hatten sie seltsamer Weise gar keines dabei«, stellt meine Frau fest und ergänzt: »Als ich diesem José noch die extra Staufächer im Heckbereich zeigen wollte, wo sie ihre schmutzige Angelkleidung und Gummistiefel perfekt verstauen können, war der auf einmal ganz nervös, als ob ich gleich versehentlich seine gebrauchten Unterhosen ausfindig machen würde. Also ich finde die Jungs eigenartig. Aber gut – dein Auto, deine Entscheidung.«

Kurz ist mir auch mulmig, aber kurz darauf bin ich wieder guter Dinge. Vier Männer, die ab und zu Spaß haben wollen, mehr nicht.

Sonntagabend ruft Lucky mich an. «Alles hat prima geklappt. Danke für den tollen Roadtrip! Wir haben die zwei letzten Tage sehr genossen. In zwei Stunden sind wir bei dir in Kleve und du bekommst dann auch gleich dein Geld. Weil alles so gut geklappt hat und wir gleich für nächstes Wochenende reservieren wollen, habe ich ein paar Scheine mehr draufgelegt.«

Ich bin erfreut, dass beide WoMos unversehrt sind und noch mehr gespannt bin ich darauf, das Klappfach zu öffnen.
Als sie da sind, kommt Lucky mit einer zunächst überraschenden, aber dann einleuchtenden Bitte auf mich zu. Sie möchten wegen der Organisation für die nächste Fahrt den Kleinen gerne direkt nach Holland mitnehmen und nächste Woche dann Oldie wieder auf dem Weg bei mir abholen. Dann erspare ich mir eine Fahrt und sie haben ausreichend Zeit das Wohnmobil zu packen. Da Lucky die Tage unter der Woche, in denen er unser WoMo in Holland hat, auch bezahlen will, bin ich einverstanden. Immerhin sehe ich sie kommende Woche wieder.

Als sie weg sind, öffne ich das Klappfach über der Sitzbank und bin erstaunt, wie dick der Stapel Geldscheine ist, der darin auf mich wartet. Es scheint ihnen sehr gut gefallen zu haben. Irre, wie das mit denen klappt. Fast schon surreal gut. Wenn das von nun an so weitergeht, dann ist das nicht nur ein neues, sondern vor allem rentables Geschäftsmodell, denke ich mir und fege den Oldie dabei sauber. Auch hier muss ich feststellen: Meine neuen Kunden gehen so pfleglich mit unserem Camper um, dass man gar nicht merkt, dass sie darin gewohnt haben. Es sollte aber noch besser werden.
Am Mittwoch meldet Lucky sich, weil er das kommende

Wochenende mit mir abstimmen will. José ist krank geworden. Ob ich nicht Lust hätte, mitzukommen. Sie wollen nach Dänemark auf die Halbinsel Rømø und da Lucky und Erik derzeit keinen Führerschein haben, wäre es prima, wenn ich unseren Oldie fahre. Dort wollen sie ein paar Freunde treffen und am Meer chillen. Klar bin ich dabei – zumal Lucky mir die Miettage und auch meine Fahrzeit bezahlen will. Meine Frau wollte sich sowieso mal mit ihrer besten Freundin treffen und so können wir beide unser Wochenende unabhängig voneinander gestalten. Besser geht's nicht.

Also starten wir Donnerstagabend zu einem verlängerten Wochenende Richtung Hamburg durch den Wesertunnel und von dort aus über St. Peter Ording nach Dänemark.

Der Wesertunnel ist eine bekannte Dealer-Route, die gerne von Amsterdam aus genommen wird. Dies bekommen wir auch direkt zu spüren. Kaum haben wir den Tunnel verlassen und befinden uns auf der Landseite von Dedesdorf, stockt der Verkehr. Mitten auf der Landstraße ist eine Straßensperrung und leitet den gesamten Verkehr nach rechts in eine ruhige durch ein Gewerbegebiet führende Parallelstraße um. Dort kommt der Verkehr zunächst vollends zum Stehen. Eine riesige Polizeikontrolle präsentiert sich mit unzähligen Kastenwagen und bewaffneten PolizistInnen. Die Szenerie ist wie mit einer Kuppel in das mobil aufgebaute und riesige Flutlicht eingehüllt.

Erik sitzt total cool neben mir, so als würde ihm das täglich passieren. Ich bin etwas angespannt, weil unser Oldie mehr als erlaubt rußt. Das liegt daran, dass der Katalysator mal komplett zugesetzt war und der KFZ-Mechaniker meines Vertrauens mir der Einfachheit halber einen leeren, also hohlen Kat eingebaut hat. Dadurch ist er zwar etwas lauter, aber er wird sich nie mehr mit Ruß zusetzen, da dieser ja nun direkt rausgepustet wird. Zudem hat er ein paar Pferdestärken mehr, die mit diesem Prinzip aus dem Motor herausgeholt werden. Seit diesem Umbau habe ich verständlicherweise Bammel vor Polizeikontrollen.

Diese Lichtkuppel, in die wir da in Schrittgeschwindigkeit hineinrollen, gleicht einem Albtraum, aus welchem man mit verspanntem Nacken und kaltem Schweiß auf der Stirn aufwacht. Nur wachen wir leider nicht auf, sondern steuern hellwach in einen grellen Lichtkegel. Hinter uns und um uns herum, legt sich die Dunkelheit wie ein kalter Mantel um uns und das Fahrzeug.
Es gibt nur noch das Stückchen Welt direkt vor unserer Windschutzscheibe. Polizei-Kastenwagen formen ein Spalier, der mit blendendem Flutlicht wie im Fußballstadion beleuchtet ist. Links und rechts sieht man die Fahrzeuge stehen, die gerade kontrolliert werden. Durch das helle und direkte Stadionlicht kann man gar nicht weiter sehen, als in die unmittelbare Umgebung. Fast jedes Auto wird herausgezogen und kontrolliert.

Es fühlt sich alles wie in Zeitlupe an. Kalt, grell, dumpf.

Man kann nichts machen, als dem vorwärts führenden Sog zu folgen. Seitlich rausfahren, geschweige denn umkehren, ist in keiner Weise möglich und würde sofort etliches Blaulicht in Bewegung setzen. Viele bewaffnete Polizeibeamte scharen sich um uns alle herum. Es gibt nur diesen einen Weg, der uns wie eine Schiene führt.

Und wie soll es anders sein, ganz nach Murphys Law, sehe ich, wie vor uns in unserem kleinen WoMo, Vadim und Lucky nach einem kurzen Blick ins Innere, von der Polizistin durchgewunken werden und ich im gleichen Sekundenschlag die rot beleuchtete Stopp-Kelle zu sehen bekomme. Also rechts rausfahren. «Papiere bitte! Wohin geht die Reise?«

«Nach Dänemark, Freunde besuchen.«

«Haben Sie getrunken?«

«Selbstverständlich nicht.«

«Führen Sie Bargeld in höheren Summen oder unerlaubte Substanzen mit sich?«

«Äh, nein. Auch nicht.« Die Frage ist überflüssig, denn nur wenige Minuten später wird unser Oldie von einem Drogenhund durchstöbert. Ebenso wird jede Ecke des Wohnmobils abgeklopft und jede mögliche Tür und Klappe geöffnet.

»Sucht ihr Hund denn etwas Bestimmtes?«, versuche ich einen lockeren Dialog in Gang zu bringen.

»Unsere Hunde sind auf Sprengstoffe und Drogen ausgebildet«, antwortet die Beamtin freundlich, aber dennoch kurz angebunden.

Obwohl ich außer dem frisierten Katalysator nichts zu

verstecken habe, fühle ich mich dennoch einer nicht definierten Tat schuldig. So als würde ich am liebsten alles zugeben, auch wenn ich nicht wüsste, was es zuzugeben gäbe.

»Und, haben sie heute schon was gefunden? Also, ihre Hunde meine ich?«, frage ich neugierig und hoffe, sie hört die Nervosität in meiner Stimme nicht. Erik sagt die ganze Zeit über nichts, sondern betrachtet unaufgeregt und auf seinem Kautabak kauend das Geschehen, als würde er einen ihm bekannten Film schon zum zehnten Mal schauen.

»Da darf ich ihnen keine Auskünfte geben, aber die machen immer einen guten Job. Ich kann ihnen nur sagen, dass diese Strecke bei Kriminellen beliebt ist, um Drogen und Waffen zu schieben. Deshalb sind wir oft auch hier und manchmal haben wir Erfolg, manchmal aber leider auch die Dealer.«

»Oha … das fühlt sich wie im Film an. Dann wünsche ich ihnen weiterhin viel Erfolg«, stammle ich und hoffe auf ein baldiges Ende, das dann endlich auch erbarmend eintritt. Obwohl an unserem Fahrzeug und an uns nichts gefunden und beanstandet wurde, steige ich benommen und mit zittrigen Knien wieder hinter das Lenkrad und fahre erleichtert los. Den rußigen Kat habe ich in all der Aufregung vergessen.

Das nächste Mal werde ich Lucky lieber die zwar etwas längere, aber dann hoffentlich ruhigere Route vorschlagen.

Einige Kilometer weiter warten Vadmin und Lucky auf uns.

Als wir ankommen und Erik offensichtlich genervt die beiden anpflaumt, lachen die beiden sich kaputt und müssen ihm versprechen, dass er beim nächsten Roadtrip im Kleinen sitzen darf. Wie ich dann erfahre, hatten sie letzte Woche auf ihrem Weg nach Frankfurt ein ähnliches Schauspiel. Polizeikontrolle in Frankfurt: Der Kleine wurde durchgewunken und der Oldie direkt hintendran wurde rausgezogen und durchgewühlt.

«Der sieht halt aber auch verdächtig aus«, sage ich mit schelmischem Stolz. Und fühle mich ein wenig, wie ein listiger Gangster. Auch wenn ich nichts verbrochen habe.

»Das ist auch Teil des ganzen Plans«, sagt Lucky zwinkernd.

Er sieht die Fragezeichen in meinem Gesicht und sagt, dass es nun an der Zeit ist, dass ich etwas mehr über seinen Gewürzhandel erfahre. Lucky erklärt mir, dass sie – wie er es nennt – spezielle Gewürze aus Holland nach Deutschland, Skandinavien und in die Schweiz exportieren. Da in diesen Ländern, die Gesetze etwas strenger als in Holland sind, möchte er den Transport so ungestört wie möglich gestalten.

Es gibt so Momente im Leben, da rattern innerhalb von Sekundenbruchteilen tausende Gedanken und Gefühle zugleich durch den Kopf. Verdutztheit, Scham, Angst. Wie kann ich so naiv sein und das Offensichtliche übersehen? Bin ich jetzt ein Krimineller? Ein Drogendealer? Oder bin ich Mitwisser und der Mafia ausgeliefert? War

das der Pakt mit dem Teufel?
Die Fragezeichen in meinem Gesicht scheinen Anzeichen einer Panikattacke gewichen zu sein, denn Lucky beschwichtigt sofort: «Keine Angst, mein Freund. Du bist absolut save und hast nichts damit zu tun. Auch das Wohnmobil, das du fährst, ist clean und hat nichts geladen, was dich belasten könnte. Wir sind einfach deine Kunden und mieten ab und an deine Wohnmobile, weil wir so gerne Roadtrips machen. Und manchmal kommst du sogar mit, weil du auch so gerne angelst.«
Klingt so einfach. Und beruhigt mich tatsächlich etwas. Vor allem, dass ich selbst nichts Illegales transportiert habe, was der eine als Gewürze oder ein anderer gar als Drogen, oder was weiß ich, bezeichnen könnte.
Dennoch mache ich die ganze Nacht kein Auge zu. Ich träume von der riesigen Polizeikontrolle, wie ich immer und immer wieder angehalten und kontrolliert werde. Und immer kurz, bevor die Polizisten etwas finden, taucht Lucky auf und beschwichtigt die Beamten mit seinem Charme, sodass diese von mir und meinem Wohnmobil ablassen.

Am nächsten Morgen fühle ich mich unerwartet besser. Tatsächlich habe ich nichts Verbotenes getan. Ein Wohnmobil zu vermieten ist nicht illegal. Und wenn ich bei einem beliebigen Vermieter einen Mietwagen anmiete, ist es der Autovermietung ebenso schnuppe, wen oder was ich damit transportiere, oder ob ich mit dem Auto über eine rote Ampel fahre.
Also genieße ich den gemeinsamen Kaffee mit meinen

Roadtrip-Freunden und freue mich bereits jetzt schon darauf, wenn wir wieder zu Hause sind, die Staufachklappe in meinem Oldie aufzumachen.

Etliche Monate sind vergangen. Und mit den vielen Monaten haben unsere Campervans eine ganze Menge Roadtrips hinter sich gebracht. Ich habe mir sogar einen alten Wohnwagen gekauft, nur damit er in unserem Garten steht. Als Stauraum für die vielen Scheine, mit denen Lucky mich beglückt hat. Mittlerweile ist diese Unterbringung für meine Einnahmen fast ausgeschöpft. In allen erdenklichen Nischen lassen sich Scheine finden. Nun wird es Zeit, sich von dem vielen angesammelten Geld auch mal was zu gönnen. Ich glaube, ich sollte Rosa mal auf einen Luxus-Camping-Urlaub auf einen dieser mondänen Glamping-Plätze einladen. Dort lassen wir es uns richtig gut gehen mit einem eigenen Bad direkt neben dem Stellplatz. Selbstverständlich mit einer Sauna, Massagen und Kosmetikanwendungen für meine Frau. Und mit einem Glas Rotwein zum köstlichen Abendessen bei Sonnenuntergang an der Nordsee.
Ich freu mich drauf.

ALLGÄU

Jenny

Studentenbummlerin nannten sie alle. Die einen liebevoll, die anderen spöttisch. Was konnte sie dafür, dass sie das, was sie im Leben glücklich gemacht hatte, verloren hatte?
Nach der schmerzhaften Trennung ihrer langjährigen und großen Liebe hatte sie beschlossen, den Augenblick zu leben und in vollen Zügen zu genießen. »Andere Mütter haben auch schöne Söhne.« Darauf hatten sie angestoßen, sie und ihr Kumpel Brad, am Tiefpunkt ihres Lebens. Nun jobbte sie ein bisschen in Kneipen, studierte alles, wofür es keine Höchststudienzeit gab und bereiste die Welt via Couchsurfing.
Aktuell wollte sie sich auf den Weg nach Australien begeben.

Da kam der Anruf. Ihr Onkel Rudolf lag im Sterben und seine Pflegefrau Katharina bat sie, im Namen ihres Onkels, sofort zu ihm zu kommen. Die Zeit drängte.

»Ach, was soll's«, dachte sich Jenny. Dann fahre ich vor dem Flughafen bei ihm vorbei.« Gesagt, getan. Sie schleppte ihren vollgepackten Rucksack in den 9. Stock des Hochhauses.

»Tut mir leid, der Aufzug funktioniert nicht«, entschuldigte sich Katharina. »Seien Sie bitte leise.«

Der Anblick ihres Onkels schockte sie. Bis zum sechsten Lebensjahr waren sie oft zusammen gewesen. Ihre Mutter hatte dann in eine reiche Familie eingeheiratet. »Da passt ein Verwandter aus dem Münchner Ghetto nicht so recht,« bekam sie zu hören, wenn sie nach ihm fragte. Gerne erinnerte sie sich an die herrlichen Geschichten, die er aus seinem wilden Reiseleben erzählt hatte.

Das Schlafzimmer war von einem riesengroßen Krankenhausbett dominiert. Ihr Onkel verschwand regelrecht unter dem voluminösen Daunenbett. Medikamente türmten sich auf dem Nachtisch. Ein Ständer mit einem Infusionsbeutel behangen stand daneben.

»Hallo Rudolf.« Jenny trat an das Bett. Sanft streichelte sie die Wangen ihres Onkels. Er reagierte nicht. »Hallo ich bin's, Jenny. Sag nichts, wenn es dich anstrengt.«

Katharina war hinter sie getreten. »Er wollte sie noch einmal sehen. Aber er hat heute früh Morphium bekommen, gegen die Schmerzen. Gehen wir ins Wohnzimmer?«

Dort angekommen fragte Jenny. »Was hat er denn?«

»Krebs im Endstadium.« Jenny schluchzte auf.

»Er wird sich freuen, wenn ich ihm erzähle, dass Sie da waren.« »Soll ich nicht bleiben, bis er wach wird?«

»Das ist keine gute Idee. Aber er hat mich gebeten, Ihnen etwas zu geben.« Katharina reichte ihr einen grünen Briefumschlag. »Er möchte, dass Sie ihn bekommen. Machen Sie ihn ruhig auf. Ich koche einen Kaffee und sehe nach Ihrem Onkel.

Jenny öffnete den Brief. In krakeliger Schrift stand. »Liebe Jenny, lang nicht mehr gesehen. Bin kein Mann

der vielen Worte. Aber, wenn du diesen Brief kriegst, steht's schlecht um mich. Eine große Bitte habe ich an dich. Kannst du zu meinem Wohnwagen im Allgäu fahren? Ich bin dort Dauercamper, war seit dem Winter nicht mehr dort. Jetzt im Frühling muss gelüftet und geputzt werden. Der Garten braucht Aufmerksamkeit. Sei so lieb, bitte, ja? Bin müde, den Rest erzählt Katharina. Zeit, in deinem Leben anzukommen, Mädel.«
Katharina betrat den Raum. »Machen Sie das? Der Onkel wäre so glücklich darüber.«

»Eigentlich bin ich auf dem Weg nach Australien.«

»Hier der Kaffee, setzen Sie sich und denken Sie in Ruhe nach.«

Jenny brauchte nicht zu überlegen. »Was soll's. Klar, mache ich das. Die Reise kann warten. Muss nur schauen, wo ich wohne, habe mein WG-Zimmer untervermietet.«

Katharina strahlte. »Sehr schön. Hier ist der Schlüssel für den Wohnwagen und hier der Chip für die Schranke, um auf den Campingplatz zu gelangen. Da können Sie wohnen, bis Sie alles geregelt haben.«

»Kommt man da mit den Öffentlichen hin? Ich habe kein Auto.«

»Rudolfs alter Mercedes steht vor dem Haus. Sie können noch mal zu Ihrem Onkel schauen. Aber bitte, kurz.«

Jenny trat an das Krankenbett. »Rudolf, keine Sorgen. Ich fahre gleich zu deinem geliebten Dauerplatz und kümmere mich um alles.« Für einen Augenblick erschien es ihr, als ob ein Lächeln über das Gesicht ihres Onkels huschte.

Sie ging auf den Wagen von Rudolf zu.

Ein Lexus RX 500H F Hybrid bremste mit quietschenden Reifen neben ihr. Ihre Schwester Andrea stieg aus. »Was machst du denn hier? Ich dachte du bist wieder weg.«

»Charmant wie immer. Ich wurde angerufen«, pampte Jenny zurück.

»Ja, ich auch. Wie geht es ihm?«

»Sehr schlecht.«

»Hm, geht dem Ende zu?«

»Scheint so.«

»Okay, dann besuch ich ihn mal. Mach's gut.« Die beiden nickten sich zu. Andrea verschwand im Hauseingang.

Jenny fuhr auf den wildromantischen Elbsee zu. Tiefe Freude stieg in ihr auf. An der Rezeption des Campingplatzes parkte sie und meldete sich an.

»Ach schön, das ist gut, wenn sich einer kümmert«, sagte der Campingbesitzer. »Brauchen Sie was? Der Laden hat bis dreizehn Uhr geöffnet. Ich zeige Ihnen den Platz.«

Jenny besorgte sich Semmeln, Käse, Kaffee und ein Bier. Obwohl sie schon öfter mit dem Zelt unterwegs gewesen war, fand sie Dauercamping spießig. Sie schloss das Vorzelt auf.

Es roch muffig. Dann betrat sie den Wohnwagen. Sie riegelte die Fenster und Türen auf. Während der Kaffee durchlief, schnappte sie sich einen Stuhl und setzte sich in den kleinen, mit einem Zaun eingegrenzten Garten. Sie vernahm lachende Kinder, Vogelgezwitscher, hin und wieder das Bellen eines Hundes. Hohe Nadelbäume schützten sie vor der prallen Sonne. Den Kopf in den Nacken legend, blickte sie in den Himmel. »Was für eine Idylle.« Auf der Suche nach einer Kaffeetasse entdeckte sie einen grünen Umschlag. Ihr Name stand darauf. Sie ließ sich wieder im Garten nieder und riss den Brief auf.

»Liebe Jenny, jetzt bist du da. Das freut mich sehr. Ich habe eine Riesenbitte an dich. Unter der Matratze liegt eine Plastiktüte. Kannst du damit bitte: 1. € 500,00 an den Sohn des Nachbarn Toni geben. Schulde ich ihm. Er besucht seine Eltern öfters. Er steht meistens auf Stellplatz BCD5. Er leiht sich immer einen GA627, Sonderedition aus. Glaub, er heißt Torsten.
2. Mit dem Campingbesitzer die Nebenkosten vom Winter abrechnen. 3. Den Rest auf mein Konto einzahlen. Die Nummer habe ich dir notiert. Ich habe nur dich und Andrea. Und möchte die Arbeit auf euch beide aufteilen. Katharina vertraue ichschon, aber Blut ist stärker als Wasser. Genieße dein Leben.«

Sie öffnete die Tüte. Ein überraschter Laut entfuhr ihr. Das muss ein Vermögen sein. Woher hatte Rudolf das viele Geld? Damit könnte sie ein Leben lang um die Welt reisen!

Andrea

»Was hatte denn ihre nichtsnutzige Schwester hier zu suchen?«, durchfuhr es Andrea. Sie war sich nicht sicher, warum sie der Bitte ihres Onkels Rudolf gefolgt war. »Bei ihm ist nichts zu holen. Wahrscheinlich reine Zeitverschwendung«, ärgerte sie sich über sich selbst, während sie die Treppen des Hochhauses hinaufstieg. »Schön in Bewegung bleiben. Dann hast du den größten Erfolg«, wiederholte sie ihr tägliches Mantra, als sie keuchend die Stufen erklomm.

Eine Pflegekraft öffnete die Tür. »Mein Name ist Katharina. Kommen Sie herein.«

»Sind Sie allein hicr?«

»Nein, Ihr Onkel ist auch noch da«, lächelte sie sie an.

Andrea runzelte die Stirn. »Wie oft wurden Patienten von ihren Pflegekräften um den letzten Cent gebracht?«, fuhr es ihr durch den Kopf. Leise ging sie in das Schlafzimmer ihres Onkels. Er schlief.

Katharina führte sie in das Wohnzimmer. »Leider muss ich Ihnen mitteilen, dass Ihr Onkel nicht mehr lange leben wird.«

Andrea zuckte mit den Schultern. »Ich kenne ihn kaum.«

»Hier ist ein Brief für Sie. Wären Sie so freundlich und würden ihn lesen? Ich komme gleich wieder.«

Sie las die Zeilen ihres Onkels im Stehen.

»Liebe Andrea, wenn man am Leben angekommen ist, bemerkt man, wie schnell es vorbei ist. Daher konnte ich nicht alles regeln, was es zu regeln gibt. Ich baue auf dich mit deiner Zuverlässigkeit und deinem Organisationstalent. Kannst du bitte auf meinen Dauercampingplatz fahren und das Sideboard neben meinem Bett öffnen. Den Schlüssel gibt dir Katharina.«

In diesem Moment betrat diese den Raum. »Machen Sie es?«

»Muss es gleich sein? Heute Abend fliegen mein Freund Theodor von Liefen und ich für ein verlängertes Wochenende nach New York. Es stehen ein paar Businesstermine wegen der Firma an. Wir wollen shoppen und ein Musical am Broadway ansehen.«

»Das ist kein Problem. Ihre Schwester Jenny befindet sich gerade auf der Parzelle. Sie macht sauber und kümmert sich um den Garten. Ich gebe Ihnen den Schlüssel und den Schrankenchip. Wenn Sie zurückkommen, ist noch Zeit dafür.«

Erleichtert verließ Andrea die Wohnung.

Zwei Wochen waren vergangen. Ihr Lebensgefährte und sie waren bei ihren Eltern zum Abendessen eingeladen. Während sie in ihr schwarzes Cocktailkleid schlüpfte, fiel ihr Onkel Rudolf wieder ein. Sie beschloss am nächsten Tag in das Allgäu zu fahren.

»Wie geht es Onkel Rudolf?«, erkundigte sich Andrea beim Abendessen. Ihr Stiefvater legte bedächtig sein Besteck nieder.

»Andrea, halte dich nie im Leben an Versager. Das färbt ab. Das habe ich dir von Kind auf eingebläut. Du hast dich, Dank meiner Ratschläge und immerwährenden Unterstützung, zu einer perfekten Frau entwickelt. Jetzt fehlen ein Haus, eine Hochzeit und ein Kind. Dann hast du im Leben alles richtig gemacht. Nicht so, wie deine unfähige Zwillingsschwester.«

»Da muss ich dir beipflichten. Auf den Erfolg!«, ergänzte ihr Freund und erhob den Weinkelch.

»Wann fahren wir ins Büro?«, fragte Theodor sie am nächsten Morgen.

»Heute ist Sonntag. Ich habe wochenlang durchgearbeitet. Außerdem habe ich versprochen zu Onkel Rudolfs Wohnwagen zu fahren. Habe ich lange genug herausgeschoben.«

»Auf keinen Fall. Du hast doch gehört, was dein Vater dir gestern erklärt hat. Keine Zeit für Versager«, brauste ihr Freund auf. »Nur du kannst das Businesskonzept weiterentwickeln. Die Bank will die Zahlen für den neuen Kredit. Du wirst in der Firma gebraucht. Und nicht bei so einem Loser«, befahl er ihr herrisch.

»Erstens, ist es meine Firma. Zweitens, heute ist Sonntag. Drittens, du bist mein Angestellter und nicht ich deine Angestellte.« Andrea unterbrach ihr Frühstück und fuhr wütend los.

Sie kam am Platz ihres Onkels an und setzte sich auf eine blaue Parkbank. Ihr fiel eine lustige Anekdote ein, die er ihr über die Schenkung der Bank erzählt hatte. Seit Wochen lächelte sie zum ersten Mal. Sie atmete tief durch. Entspannt schloss sie die Augen. Ihr Handy klingelte. »Theodor«, sie schnaubte, drückte den Anruf weg und stellte auf Flugmodus. Ausgelaugt lehnte sie sich zurück. Der Garten sah sehr gepflegt aus. Seufzend stand sie auf und begab sich auf die Suche nach dem Sideboard. In ihm lag ein schwarzer Pilotenkoffer, darauf befand sich ein blauer Umschlag. Sie öffnete ihn. »Liebe Andrea, kannst du bitte meine Schulden zahlen? Die Kosmetikerin am Platz bekommt Geld von mir für die Fußpflege. Eine Krankenhausrechnung ist offen und ich brauche bitte Geld auf meinem Konto. Die Unterlagen dazu befinden sich in dem schwarzen Koffer. Zeit zu entscheiden, was du willst im Leben.«

Andrea runzelte die Stirn. Rudolf wollte, dass sie seine Schulden zahlte? Leicht verärgert blickte sie in das Gepäckstück. Ihr Atem stockte.

Wieder zu Hause angekommen, setzte sie sich in die Küche. Den Aktenkoffer hatte sie geöffnet auf den Tisch gestellt.

Theodor kam herein. »Was haben wir denn da? Wie viel Geld ist das? Woher hast du das?«

»990.000 Euro. Von Onkel Rudolf. Ich soll damit Schulden von ihm begleichen.«

»Das ist ja spitze, dann brauchen wir keinen Kredit für die Firma und können gleich die Anzahlung auf das Haus leisten, das ich ausgesucht habe. Oder wir nehmen den Kredit von der Bank und stellen die Assistentin ein, die sich bei mir vorgestellt hat. Das entlastet dich. Der ist doch krank und stirbt und merkt es gar nicht mehr.«

Andrea blickte ihn an. »Wie sollte sie sich entscheiden?«

Rudolf

Von oben herab beobachtete Rudolf, wie sein letzter Wunsch erfüllt wurde.

Auf der blauen Parkbank in seiner Parzelle saßen seine beiden Nichten, Jenny und Andrea und seine Schwester Martha. Am Gartentor lehnte ein Reiserucksack. Die Frauen waren in schwarz gekleidet. Auf einem Tischchen vor ihnen stand ein Gefäß. Gern hätte er gehört, was die drei sich erzählten.

»Showdown!« Langsam ging er den Hügel hinunter. Das Lied von Matthias Kellner »Vielleicht Vielleicht« wehte sanft zu ihm hinüber.

Er passierte das Eingangstor am Wald des Campingplatzes. Seine Schritte wurden langsamer. »Ob sie ihm verzeihen würden?« Zögernd betrat er den Garten.

Martha keuchte auf. »Rudolf?« Widersprüchliche Gefühle spiegelten sich in ihrem Gesicht. Sie sprang auf. Wütend schlug sie ihre Fäuste auf seine Brust. »Was fällt dir ein? Ich dachte du bist tot. Du Mistkerl.« Ihre Wut fiel in sich zusammen, weinend fiel sie ihm um den Hals.

Er umarmte sie brüderlich. »Tut mir leid. Wusste nicht weiter.«

Sie hob ihren Kopf. »Nein, mir tut es leid. Erst als du nicht mehr da warst, habe ich gemerkt, wie sehr du mir fehlst.«

Leise waren seine beiden Nichten zu ihnen getreten.

Jenny breitete die Arme aus. »Gruppenumarmung!

Voll verwirrend, echt.« Andrea tat es ihr gleich. Nach einer Weile lösten sie sich voneinander.

»Also Rudolf, du bist uns eine Erklärung schuldig«, hub Martha an.

In dem Augenblick öffnete sich die Gartentür und Katharina trat ein. »Na, haben sie dir den Kopf abgerissen, mein Lieber?« Sie hob entschuldigend die Hände hoch. »Ich habe ihn gewarnt. Darf ich mich vorstellen? Ich bin Katharina.«

»Die Pflegkraft?«

»Nein. Ich bin Künstlerin.«

»Jetzt verstehe ich gar nichts mehr. Rudolf, was soll das Ganze?« Martha sah ihn mit liebevoll strengem Blick an.

»Tja.« Weiter kam er nicht.

Die Türen der Dauercamper um ihn herum gingen auf. Hinter einem Wohnmobil trat ein Mann hervor. Er trug einen Kasten Bier. »Rudolf, darf ich dir vorstellen. Das ist Torsten.« Jenny zeigte stolz auf ihn.

»Ich weiß, der Sohn vom Toni«, entgegnete ihr Onkel.

Jenny gab Torsten einen Kuss. »Und mein Freund. Es hat zwischen uns gefunkt. Wir werden in Zukunft zusammen verreisen. Nicht so weit weg. Ich habe nämlich gestern einen Vertrag unterschrieben.« Rudolf hob fragend die Augenbrauen. »Ich werde im Herbst hier eine Ausbildung zur Forstwirtin beginnen.«

In kürzester Zeit war der Garten von Nachbarn, Freunden und Gästen überfüllt.

»Machen wir es wie immer. Die ganzen Sachen auf die Straße«, rief Rudolf.

Von sämtlichen Seiten wurden Tische und Bänke auf

den Weg zwischen den Dauercampingplätzen gestellt. Salate, Teller, Gläser, jeder brachte etwas mit. Toni warf den Grill an. Torsten schnippelte Gemüse. Alle redeten durcheinander.

Rudolfs Blick fiel auf den Rucksack. »Und was machst du jetzt mit dem, Jenny?«

»Das soll dir Andrea erklären. Ich muss Torsten beim Grillen helfen.« Weg war sie. Andrea trat auf ihn zu. »Tja, Onkel Rudolf. Ich habe mein altes Leben hingeschmissen. Immer wollte ich funktionieren und es allen recht machen. Jeder zog energetisch an mir. Im Grunde meines Herzens wollte ich etwas anderes. Jetzt bin ich dran mit Couchsurfing. Es lebe Australien! Morgen geht es los. Ich wollte nur noch deine Beerdigung abwarten.« Erschrocken sah sie ihren Onkel an. Der lachte schallend.

»Geschieht mir recht.« Hand in Hand gingen sie zu dem gedeckten Tisch.

Rudolf nahm ein Augustiner. »Das Leben kann so schön sein. Prost. Danke, dass ihr da seid.« Voll Rührung wandte er sich an seine beiden Nichten. Er räusperte sich. »Jenny, Andrea. Gratulation an euch beide.«

»Wofür?«, antworteten sie beide gleichzeitig.

»Ich habe mir Sorgen gemacht. Wer von euch soll mein Geld erben, wenn ich tot bin?« Spitzbübisch fügte er hinzu:

»Richtig tot, meine ich. Da habe ich mir gedacht. Die, die das Geld nicht behält, also es zurückgibt, die erbt später.«

Er zuckte mit den Schultern. »Jetzt habt ihr ein Problem.«

Martha stöhnte: »Was denn noch?«

Rudolf beachtete sie nicht. »Beide haben das Geld eingezahlt und getan, worum ich sie gebeten habe.« Er hob sein Bier: »Und nun müsst ihr das Erbe leider teilen. Prost, auf euch beide.«

»Und dass du noch lange lebst und Unfug anstellen kannst, verrückter Hund«, prostete Martha ihm zu. Die Gästeschar erhob ihre Getränke und stieß mit ihm an.

»Essen fassen, wer will Fleisch, wer will Gemüse?«, tönte Torsten. Fröhlich feierten sie den Augenblick.

Gegen Abend setzte sich Rudolf auf die Parkbank. Er genoss es dem Geplauder seiner Gäste zuzuhören. Der Himmel über dem Moorsee erstrahlte in feuriger Farbenpracht. Violette, orange und rote Farbtöne spiegelten sich im Wasser wider.

Er hoffte, dass er noch viele Jahre hier sitzen würde.

Martha trat leise an ihn heran. »Danke, Rudolf.« Sie lächelte. »Willst du mir nun erzählen, woher du das viele Geld hast?«

MEDOC

Das Dorf St. Christoly im Medoc schlief in der Mittagssonne. Eine Katze hatte ein schattiges Plätzchen unter dem abgedeckten Obststand vor einem verschlossenen Laden gefunden.

Caro gähnte. Träge deutete sie nach rechts auf die Platanen. »Hinter dem Kirchplatz müssen wir abbiegen.«

»Ich weiß«, brummte Tom. Auf seiner Stirn bildete sich eine Falte, während er das Wohnmobil durch die engen Gassen manövrierte.

Caro schwieg. Sie hatte Hunger und Durst, wollte Strand und Dünen statt Reben und Wein.

»Hier sind wir richtig.« Tom zeigte auf die langen Reihen der Weinstöcke rechts und links der Straße. Nach einem knappen Kilometer erreichten sie schließlich das Weingut.

»Ach Tom, das sieht aus wie ein Bauernhof. Wo ist das Schloss, das du mir versprochen hast?«, maulte Caro.

»Voilà! Dort hinter dem Obstgarten liegt ein Herrenhaus. Fragst du?«

Caro atmete tief aus. »Voilà, bientôt und merci beaucoup, aber vorstellen muss ich uns immer. Dabei hast du doch die französischen Vorfahren.«

»Patati, patata. Jetzt geh schon, immerhin fahre ich die ganze Zeit. Arbeitsteilung nennt man das.«

Caro sprang aus dem Wagen und blickte sich um. Auf der einen Seite lag das Herrenhaus, auf der anderen Seite entdeckte sie hinter der Hecke ein Schild an einem

flachen Gebäude. Sie ging darauf zu.
»Bonjour?«, rief sie durch eine offen stehende Tür.

Eine junge Frau mit langen dunklen Haaren kam durch den Flur und sah sie fragend an.
Caro hielt ihren Campingführer hoch. »Do you speak English? Mein Französisch ist leider sehr schlecht, très petit. We would like to stay at your place with our campingcar.«

Die junge Frau lächelte. »Bien sûr, natürlich. Sie kommen aus Deutschland?«
Caro nickte.

»Wir können Deutsch sprechen, ich habe ein Semester in Geisenheim Önologie studiert. Wenn Sie den Weg weiter durchfahren, kommen Sie zu einem kleinen Turm, dort können Sie stehen. Vielleicht 200 oder 250 Meter von hier. Wenn Sie zu weit fahren, landen Sie in der Gironde.«
Beide lachten.

»Können wir nachher noch Wein probieren?«

»Sehr gerne. Kommen Sie einfach vorbei, die Vinothek ist dort«, sie zeigte auf eine Tür. »Wir haben von 17 bis 19 Uhr geöffnet.«

»Dann bis später – à bientôt!«

Caro ging zurück zum Wagen und dirigierte Tom zu ihrem Stellplatz. Er parkte das Wohnmobil direkt neben dem halb verfallenen Turm. Auf der einen Seite reichten Rebstöcke bis an die Steine heran, auf der anderen Seite rauschte die Gironde hinter hohem Gras.

»Traumhaft«, stellte Caro fest. Sie lief ans Ufer und fotografierte den Fluss. »Mist!«, fluchte sie.

»Was ist?«, fragte Tom.

Caro starrte auf das Display der Kamera. »Sie ist einfach nicht drauf, die Kraft, mit der das Wasser fließt. Die Gelassenheit dieses Flusses, der weiß, dass er nur fließen muss.«

»Genieße es doch einfach.« Tom umfing sie von hinten mit den Armen. »Es ist so schön hier, viel schöner, als ich es mir vorgestellt hatte.«

»Aber auch einsam. Wir stehen hier allein.« Caro rieb sich die Arme.

»Das ist gut so«, murmelte Tom und umfasste sie fester.

»Hey, das tut weh!«

Tom ließ sie los. »Lass uns ins Dorf radeln.«

Im Ort kauften sie Gemüse, Obst und Brot. Sie setzten sich an einen schmalen Kanal und aßen die sonnenverwöhnten Aprikosen. Caro streckte sich auf dem Gras aus. Die Sonne kitzelte ihre geschlossenen Lider.
»Ein Glas Wein wäre jetzt toll«, riss Tom sie aus dem wohligen Halbschlaf. »Es ist Zeit zurückzufahren.«

Der Winzer und die junge Frau, die sich als seine Tochter Céline vorstellte, erwarteten sie schon und führten sie in einen modernen Probierraum.

»Fangen wir mit unserem Tafelwein an.«

Bereits nach wenigen Schlucken wurde es Caro schummerig. »Wir hätten vorher etwas Richtiges essen sollen«, flüsterte sie Tom zu.

Der winkte ab. »Du musst den Wein ja nicht schlucken.« Mit ernster Miene ließ er jeden Schluck im Mund kreisen.

»Und das hier, das ist ein ganz besonderer Wein«, übersetzte Céline, was ihr Vater mit strahlenden Augen und ausladenden Gesten beschrieb, während sie ausschenkte.

Caro betrachtete die Flüssigkeit in ihrem Glas. Tiefrot, fast schwarz mit einem Stich Lila, samtig, marmeladig. Sie schwenkte den Kelch leicht in der Hand. Der Duft von Schokolade und dunklen Beeren stieg ihr in die Nase. Sie blickte auf und sah, wie der Winzer und seine Tochter sie erwartungsvoll anschauten.

Caro zögerte, bemerkte, dass auch Tom das Glas nur langsam an die Lippen führte. Sie konnte sehen, wie er den Wein kaute, um jede einzelne Nuance herauszuschmecken. Sein Gesicht nahm einen seligen Ausdruck an. Endlich schluckte er und sah den Winzer an. Auf Toms Stirn war wieder die Falte und in seinen Augen ein Ausdruck, den Caro noch nie gesehen hatte. Wie ein Schatten fiel etwas Dunkles über seine Miene und wurde so schnell durch ein Lächeln ersetzt, dass Caro sich fragte, ob sie es sich nur eingebildet hatte.

Sie nahm einen Schluck Wein, behielt ihn im Mund, schloss die Augen und sah die Weinberge, den kleinen Turm und die Gironde. Erinnerte sich an die Rosenhecken, an denen sie vorbeigeradelt waren. Ein wohliges Gefühl breitete sich in ihr aus. Nur widerstrebend ließ sie den Wein die Kehle hinabrinnen und öffnete die Augen wieder.

»Der ist fantastisch«, sagte Caro.

Tom murmelte: »Superb.« Seine Stimme klang rau. Vater und Tochter nickten zufrieden.

»Der Wein hat auch eine besondere Geschichte«, erklärte die junge Frau. »Wenn Sie auf das Etikett schauen, werden Sie feststellen, dass er schon älter ist. Die meiste Zeit seiner Reife hat er im Eichenfass verbracht, allerdings nicht absichtlich. Wir haben nur wenige Fässer davon, die Trauben stammen von der kleinen Parzelle am Türmchen. Als wir ihn gekeltert haben, steckte das Weingut mitten in der Modernisierung, alles lief ein wenig drunter und drüber. Mein Vater hatte es gerade erst von meinem Großvater übernommen. Sein Bruder hatte dem Weinbau komplett den Rücken gekehrt, sodass Papa mit allem allein war. Der Wein wurde in Fässer gefüllt und diese in einem kleinen, improvisierten Weinkeller am Feldrand gelagert. Eigentlich ist es eher ein Erdloch, unsere Vorfahren haben es angelegt, vermutlich um Wein an der Steuer vorbeizuschmuggeln. Jedenfalls gerieten die Fässer in Vergessenheit. Erst vor zwei Jahren, als wir überlegten, auf dem Feld junge Rebstöcke anzupflanzen und die Erde vorbereiten wollten, stießen wir wieder darauf. Wir ärgerten uns, weil wir dachten, der Wein sei verdorben. Aber als wir ihn probierten, stellten wir fest, dass es ein Schatz war. Das Klima in dem Loch hatte sich hervorragend auf den Reifeprozess ausgewirkt und so hatten wir per Zufall einen ganz großartigen Wein. So nannten wir ihn dann auch Heureux Hasard, einen glücklichen Zufall.«

»Und Sie haben nicht versucht, hinter das Geheimnis des Weins zu kommen, also den Zufall zu wiederholen?«, fragte Tom.

»Natürlich haben wir das versucht.« Céline lächelte. »Sie müssen bedenken, dass der Wein extrem lange dort gelagert hatte. So lange können wir unseren Wein nicht liegen lassen. Wir probieren es immer mit ein oder zwei Fässern, aber wir befürchten, dass es ein glücklicher Zufall bleibt.«

»Wie schade«, seufzte Caro und nahm andächtig einen weiteren Schluck.

»Glücklich?«, fragte Caro, als sie auf dem Rückweg zum Wohnmobil waren, Tom mit einer Kiste Wein unterm Arm. Er antwortete nicht und Caro redete weiter. »Apropos, meinst du, das kann wirklich sein, dass es nur ein Zufall war und sie den Wein so nicht mehr hinbekommen?«

Tom überlegte. »Nun, die Reben haben sie noch. Daran und an der Lage ändert sich nichts. Es könnte sein, dass es ein besonderer Jahrgang war. Das Klima der Lagerung, ja, das könnte man wiederholen. Bleibt die lange Lagerzeit im Fass. Aber ich bin mir nicht sicher, ob das alles ist.« Er schwieg. Caro blickte ihn von der Seite an und versuchte, seine Miene zu ergründen. »Lass uns noch etwas draußen sitzen«, sagte Tom, als sie am Wagen ankamen. Er breitete eine Picknickdecke aus und Caro holte Brot, Käse, Salami und Oliven heraus. Tom öffnete eine der Flaschen.

»Auf den glücklichen Zufall«, sagte Caro, als sie anstießen.

Tom sah sie an, in der Dämmerung konnte sie seinen Gesichtsausdruck nicht erkennen. »Es gibt keinen Zufall.«

Am nächsten Morgen wusste Caro nicht, was sie geweckt hatte. Sie tastete neben sich. Ihre Hand glitt weiter durch das Bettzeug, wurde hektischer. Sie öffnete die Jalousie an dem kleinen Fenster. Es war hell, aber statt der Gironde sah sie nur eine graue Wand. Caro kletterte aus dem Bett. Blickte sich um. Schaute in das winzige Bad. Tom war nicht im Wohnmobil.

Sie öffnete die Tür. Nebel, dichter Nebel. Wie in diesem Film »The Fog«, bei dem sie sich damals so gegruselt hatte. Sie fragte sich, wo Tom bei diesem Wetter hinwollte.

»Tom?«, rief sie ins Graue hinaus. Keine Antwort. Sie zog Hose, T-Shirt und Schuhe an. Dann verließ sie den Wagen. Zögerte. Sollte sie nicht einfach auf Tom warten?
Weit konnte er in der Suppe nicht gekommen sein. Sie tastete sich einmal um das Wohnmobil, dann um das Türmchen. Nichts.

»Tom?«, rief sie wieder, erst zaghaft, dann lauter. Das Grau schluckte alles. Selbst die Gironde rauschte gedämpft hinter der Nebelwand.

»Verdammtes Bordeaux«, fluchte Caro und ging langsam dorthin, wo sie die Reben vermutete. Sie orientierte sich an den Reihen der Rebstöcke, dort entlang würde sie zum Weingut gelangen. In ihrem Nacken hockte die Angst, die Orientierung zu verlieren und am Ende in den Fluss zu fallen. Oder in das Erdloch, von dem die Winzer am Vorabend erzählt hatten.

Wie spät mochte es sein? Sie trug keine Uhr und auch ihr Handy hatte sie in der Verwirrung im Wagen vergessen. Der Nebel ließ keinerlei Rückschlüsse auf die Tageszeit zu. Caro vermutete, dass es noch früh war. Sie tastete sich weiter an den Weinreben entlang. Die Stille war gespenstisch. Der Nebel zäh wie Zuckerwatte. Caro schauderte. Biss die Zähne zusammen und ging weiter. Oder sollte sie besser zum Wohnmobil zurückgehen? Und dann? Verrückt werden, weil sie ganz allein dort hockte? Sie hatte gerade beschlossen, umzukehren, als sie merkte, dass sie das Ende der Parzelle erreicht hatte und vor der Mauer stand, die den Obstgarten umgab. Auf der anderen Seite waren die Gebäude. Sie musste nur über den Weg gehen und sich an der Hecke orientieren. Vorsichtig tastete sie sich weiter. Sie bemerkte, dass eine Tür offen stand.

»Hallo? Bonjour?«, rief sie. Kein Laut kam aus dem Gebäude. Sie ging hinein. Im Flur herrschte Chaos, sie stieg über umgekippte Möbel, kam zu einem Büro. Ordner waren aus den Regalen gezogen. Ein Drucker lag auf dem Boden und ein Stahlschrank stand offen. Caro blickte mit offenem Mund auf eine Reihe von Gewehren. Eines fehlte. Sie begann zu zittern, starrte auf die Lücke, die sie ansprang wie ein Raubtier.

Caro zog die Luft ein, atmete aus und ging weiter. Ein schwacher Duft von Kaffee lag in der Luft und führte sie zur Küche. Der Geruch wurde durch etwas metallisches überlagert. Ihre Beine wollten ihr nicht mehr gehorchen. Sie musste sich zwingen, einen Fuß vor den anderen zu setzen.
Sie nahm Blutspuren auf den Fliesen wahr. Erkannte rote Sprenkel auf den Schränken. Vor der Spüle lag eine Frau in einer Blutlache, die Hände noch auf den Bauch gepresst, die Kleidung blutgetränkt.

Caros Hände zitterten, die Beine wurden weich, ihr ganzer Körper schien zu vibrieren.
Was war hier nur passiert? Sie wich zurück in den Flur. Sah die Einschusslöcher in der Wand.
»Verschwinde«, raunte eine Stimme in ihrem Kopf ihr zu.
»Und was, wenn irgendwo Tom liegt?«, fragte ihr Herz.

Sie lief aus dem Haus, hastete an der Wand entlang zur Vinothek. Vielleicht hatte Tom sich dort versteckt.
In dem Raum lagen Scherben und verschütteter Wein.
»Tom?«, flüsterte Caro, blickte sich um, ging tiefer in Richtung Weinlager.

Es knirschte, Scherben bohrten sich in ihre Schuhsohlen. Der Boden fühlte sich klebrig an. Entsetzt bemerkte sie,

dass es nicht nur Wein war. Der metallische Geruch. Blut. In ihrer Brust wurde es eng. »Atme! Geh!«, befahl sie sich. Caro folgte der Spur aus Wein und Blut, voller Angst, was und vor allem wen sie sehen würde. Sie zwang sich, hinzusehen.
Erblickte einen Stapel mit Holzkisten aus denen der »glückliche Zufall« sickerte. Überall Scherben. Darin der Winzer.

»Oh Gott!« Caros Kehle war eng, ihr Körper gelähmt. Einen Moment hing sie in der Zeit, wie vorher im Nebel. Im nächsten Augenblick drehte sie sich um, lief hinaus, ins Grau, achtete nicht auf die Richtung, lief einfach. Rannte immer schneller, hinein in den alles verbergenden Nebel. Etwas griff nach ihr, ließ sie straucheln. Zog an ihrem Shirt. Sie schlug danach, merkte, dass sie mitten in den Reben stand. Eine Ranke hielt sie fest. Caro riss sich los, achtete nicht darauf, dass sie wertvolle Trauben zerstörte. Ignorierte den Schmerz, als ihre Haut aufriss. Sie arbeitete sich an den Reihen entlang weiter, bis die Weinstöcke endeten.
Caro atmete auf. Hier musste der Turm sein. Sie lief weiter, aber statt am Wohnmobil stand sie mitten im hohen Gras.
Hörte das Rauschen der Gironde. Und einen Schuss. Sie zuckte zusammen und lief in die entgegengesetzte Richtung. Das Wohnmobil. Sie riss die Tür auf, sprang hinein, setzte sich auf den Fahrersitz und startete den Motor.
Der Nebel lichtete sich, einzelne Sonnenstrahlen fielen

durch die Wolkendecke wie Scheinwerfer. Caro sah zwei Gestalten und hörte Stimmen. Klar, laut, aggressiv. Eine Stimme erkannte sie als Célines. Die andere gehörte zu einem Mann mit einem Gewehr. Diese Stimme kannte sie auch. Sie war ein wenig rau. Und schmerzhaft vertraut. Durchbohrte sie wie ein Speer. Caro schlug sich die Hände vor den Mund.

Ihr Schrei gellte nur in ihrem Inneren.

»Pourquoi – warum?«, rief Céline.

»Ihr habt meinen Vater umgebracht«, schrie Tom und richtete die Waffe auf die Tochter des Winzers. »Ihr habt ihn um sein Erbe gebracht und mich um meine Familie. Dieser Wein war seine Leidenschaft, sein Herz, sein Leben. Dein Vater hat gesagt, er sei verdorben. Essig, ihr musstet ihn wegkippen, weil er ungenießbar war. Dabei ist er vollkommen. Ihr habt Vaters Herz herausgerissen. Jetzt macht ihr mit seinem Wein und einer geheimnisvollen Geschichte das große Geld. »Heureux Hasard«, nein, kein glücklicher Zufall, sondern ein großer Schwindel. Weil dein Vater selbst nie einen anständigen Wein zustande gebracht hat, nie den Zugang zu dessen Wesen gefunden hat.«

»Du musst mir glauben, ich wusste das alles nicht, ich hatte keine Ahnung, dass Onkel Martin sich umgebracht hat«, flehte Céline, den Blick auf die Mündung der Waffe gerichtet.

»Dir glauben? Wie soll ich dir glauben? Aber eins weiß ich, einen großen Wein werdet ihr nie mehr zustande bringen.« Tom hob den Lauf der Waffe an, ging ein paar Schritte auf Céline zu.

Caro trat aufs Gas. Sie musste hier weg. Fort von diesem Wahnsinn. Es gelang ihr, den Wagen zu wenden. Sie nahm ein paar Reben mit, die Zweige schlierten am Lack entlang.

Es knirschte. Dann war sie auf dem Weg.

Sie hörte einen Knall, trat auf die Bremse, schloss einen Moment die Augen. Atmete. Stille.

VENETIEN

»Wilhelm! Wo bleibst du denn schon wieder! Komm endlich, es geht gleich los.« Margarete wuchtete die letzten Gepäckstücke in den Kofferraum und knallte geräuschvoll die Tür zu. »Wilhelm!«, rief sie noch einmal einige Tonlagen höher und inzwischen leicht verärgert. Na endlich, dachte sie, als sie ihn gemächlich um die Hausecke schleichen sah. »Jetzt aber mal ein bisschen Tempo, wenn ich bitten darf!«
Wilhelm war nicht mehr der Jüngste und hasste Veränderungen jeder Art. Am liebsten blieb er im Haus oder wanderte durch den vertrauten weitläufigen Garten. Schließlich erreichte er das bereits randvoll gepackte Auto, nahm seinen angestammten Platz ein und machte es sich bequem, so gut es eben ging. Der neue Sonnenschirm und die prall gefüllte Badetasche beanspruchten den halben Rücksitz.

»Na, das wurde jetzt aber auch Zeit«, seufzte Margarete und startete den Motor. Jetzt ging es, wie alle Jahre, in den lang ersehnten Urlaub. In den Süden. In das Land, wo die Zitronen blühen. Nach Bella Italia. Margarete jubelte innerlich, als sie die Auffahrt zur Autobahn erreichten und die Fahrt nur noch eine Richtung nahm. Immer nach Süden. Margarete schaute kurz in den Rückspiegel, um nachzusehen, ob Wilhelm bereits eingeschlafen war. Aber nein, er schaute interessiert aus dem Fenster und betrachtete die vorbeifliegende Landschaft. »Ist es nicht herrlich«, rief Margarete nach hinten. »Wuff«, war der erste und bisher einzige Kommentar von Wilhelm. »Na gut, wenn du so schweigsam bist, mache ich jetzt Musik«, murmelte Margarete. Sie schob ihre Lieblingskassette ein, und schon erfüllte Eros Ramazzotti mit seinem verführerischen Schmelz den Raum.

Auf der Brenner-Autobahn angekommen, konnte Margarete ihr Glück kaum fassen. Keinerlei Stau. Alles ging reibungslos auf ihrer Straßenseite, aber gegenüber! Was für ein Chaos. »Ha, Wilhelm, jetzt schau dir das mal an. Das scheint ein Mega-Stau zu sein. Die fahren alle Stoßstange an Stoßstange, und das bereits seit vielen Kilometern. Wahrscheinlich wieder eine dieser elenden Baustellen. Aber wir haben Glück!«

»Wuff, wuff«, antwortete Wilhelm und wedelte lebhaft mit dem Schwanz.

Kilometer um Kilometer kamen sie inzwischen ihrem Ziel näher. Es hieß »Camping Bella Vista«, direkt am Meer, ihr Lieblings-Campingplatz. Wunderbar gelegen, und seit jeher hatte dieser Platz das Prädikat Geheimtipp. Hier wäre jeder Urlauber gerne zu Gast. Fast jeden Sommer hatte sie mit ihrem geliebten Ehemann Rainer hier verbracht. Dolce Vita, so hatte sie die Zeit auf dem Campingplatz genannt. Inzwischen war Rainer seit Jahren tot, aber sie und Wilhelm führten die Tradition fort. Zwei Monate im Sommer lebten sie in ihrem inzwischen in die Jahre gekommenen Wohnwagen auf Platz Nummer 23.

Alle Wohnwagen und Camper auf dem Platz standen

auf grauen, ebenen Betonplatten, um einen sicheren Stand zu gewährleisten. Die Campingeinheit Nummer 23 hatte leider keinen Meerblick. Das war sehr ärgerlich, und selbst die wunderschöne schattenspendende Pinie half über diesen Mangel nicht hinweg. Über den Winter wurden die Wagen der Stammgäste immer von Luigi winterfest auf einem nahe gelegenen Feld ausgelagert. Im Sommer erwachte der Platz wieder zum Leben. Auf den guten alten Luigi konnte sie sich verlassen. Margaretes Wohnwagen würde ordentlich auf seinem angestammten Platz stehen. Wasser und Elektrizität würden bereits angeschlossen sein. Mit Luigi gab es nie Probleme. Er kannte seine Stammgäste mit all ihren Vorlieben und Sonderwünschen.

Nur noch wenige Kilometer trennten Margarete und Wilhelm von ihrem Ziel. Margarete sinnierte vor sich hin. Ob in diesem Jahr der Platzwechsel wohl gelingen würde? Es war alle Jahre spannend. Welche der Damen würde zu der verabredeten Zeit erscheinen? Waren noch alle Clubmitglieder vollständig? War gar eine von ihnen verstorben, erkrankt oder zu schwach, um in Zukunft den Sommer gemeinsam in der illustren Runde in »Bella Vista« zu verbringen? Seit vier Jahren stand sie bereits auf der Warteliste. Platz Nummer 1 der Nachrückerinnen!

Sie wurde ungeduldig. Wie lange sollte sie denn noch warten.

Blieb ihr überhaupt noch so viel Zeit? Immerhin hatte sie die achtzig bald erreicht. Noch war sie fit und agil und voller Lebenslust. Sie hatte es sich jetzt endlich auch mal verdient. Oder? »Was meinst du, Wilhelm?«

»Wuff, wuff, wuff«, bellte Wilhelm von hinten.

»Na, endlich sind wir mal einer Meinung«, erwiderte Margarete. »Hoffentlich haben wir dieses Jahr Glück und eine der alten zähen Damen hat das Zeitliche gesegnet. Die waren immerhin lange genug in der Luxusloge.« Kaum hatte sie das ausgesprochen, erschrak Margarete über sich selbst. War es schon so weit mit ihrer Eifersucht und Missgunst gekommen, dass sie einer der Damen das Ableben wünschte? Aber verflixt nochmal, jetzt war sie endlich an der Reihe. Sie gehörte leider nicht zu den aktuellen Auserwählten – noch nicht, dachte sie grimmig.

Um in den Club aufgenommen zu werden, musste man als erstes Kriterium verwitwet sein, des Weiteren ein Mindestalter von 70 Jahren aufweisen und sich mindestens seit 20 Jahren, besser länger, kontinuierlich alljährlich auf dem Campingplatz »Bella Vista« einfinden. Man sollte sich hier zu Hause fühlen. In früheren Zeiten hatte man die Sommerferien mit seinem Partner geteilt. Die Paare kannten sich, man war eine große Campingfamilie. Nun waren die Witwen unter sich und führten ein strenges Regiment beim Kampf um die besten Plätze. Und deren Anzahl war eben sehr begrenzt. Es ist wirklich an der Zeit, endlich Clubmitglied zu werden.

Der Club der Camperwitwen bestand aus sechs Mitgliedern. Ihre Platznummern waren eins bis sechs, alle in einem Halbkreis in der ersten Reihe in einer kleinen Seitennische des Campingplatzes gelegen, mit direktem Zugang zum Meer, der es auch den Gehbehinderten unter ihnen ermöglichte, ohne größere Probleme zum Strand zu gelangen. Ein außerordentlich bevorzugter Platz auf dem Gelände. Schattenspendende Bäume breiteten sich über ihren Wohnwagen aus, ein himmlisch schönes Plätzchen, das schönste auf dem ganzen Campingplatz und inzwischen fest in den Händen der Camperwitwen. Sie allein bestimmten, wer, falls ein Todesfall eine von ihnen dahinraffen sollte, als nächste Witwe nachrücken wird, um ihrem exklusiven Club beitreten zu dürfen.

Die Entscheidung musste einstimmig beschlossen werden. So hatten sie es vor Jahren bestimmt.

»Und ich, Margarete, bin fest entschlossen und zu allem bereit. Immerhin bin ich die nächste Gewählte in der Nachrückerliste«, dachte Margarete. Sie steigerte sich immer mehr in kämpferische Gedanken und verpasste um ein Haar die Einfahrt zum »Camping Bella Vista«.

Endlich angekommen. Wie wunderbar! Der Duft der Pinien schmeichelte in der Nase, dazu die leichte Meeresbrise.

Luigi begrüßte sie freudestrahlend mit einem melodischen »Buon giorno, Signora. Come sta?«

»Molto bene«, antwortete Margarete fröhlich. Nicht umsonst besuchte sie seit einigen Jahren Italienischkurse an der Volkshochschule.

Luigi wollte gar nicht aufhören, Wilhelms dichtes Fell zu kraulen. Selbstverständlich bekam er ein kleines Leckerli von Luigi zugesteckt. Wilhelm wedelte heftig mit dem Schwanz, um seine Freude zu zeigen. Alles gestaltete sich wie immer, alles war perfekt. Nachdem Margarete das Gepäck in den Wohnwagen geschafft hatte, gönnte sie sich zur Einstimmung auf ihren Urlaub ein großes Glas leckeren Campari. Auch ein paar köstliche Oliven lagen auf einem kleinen Tellerchen. Ein Willkommensgruß von Luigi. Sie saß auf ihrer Terrasse in Parzelle Nummer 23 in der sechsten Reihe und überlegte, ob die Clubdamen wohl schon alle anwesend waren. Wo hatte sie nur ihr kleines Fernglas? Na, sie würde später ihre Tasche auspacken. Ihr geliebtes Fernglas hatte seinen festen Platz im Wohnwagen. Damit konnte sie sich immer auf dem Laufenden halten, was auf dem Platz geschah. Besonders aber verschaffte es ihr die Möglichkeit, durch einen geschickt gewählten Standpunkt einen Blick auf die Logenplätze zu werfen.
Sie wollte den Damen am nächsten Tag einen Besuch abstatten und die Lage vor Ort inspizieren.

Plötzlich vernahm sie schrilles Gelächter aus der Ferne. Wenn das mal nicht die dicke Elsa ist. Ständig dieses übertriebene Gelächter, um sich auch einmal im Mittelpunkt zu wähnen, da sie sonst nicht wirklich wahrgenommen wurde. Allerdings waren ihre leckeren Torten und Kuchen, mit denen sie die Runde bei ihren Nachmittagstreffen versorgte, nicht zu verachten und hoch geschätzt. Vielleicht kam sie, Margarete, ebenfalls bald in den Genuss von Elsas köstlichem Backwerk? »Komm, Wilhelm, wir drehen eine kleine Runde am Strand, morgen werden wir den Damen unsere Aufwartung machen.«

Margarete erwachte voller Anspannung und konnte es kaum erwarten, bis es Nachmittag war und sie den Clubdamen einen Besuch abstatten wollten. Sie hoffte so sehr, dass nicht alle anwesend waren. Dass das Leben Lücken in die geschlossene Clubfront gerissen hatte. Die Zeitungen waren doch voll von Todesanzeigen. Irgendwann erwischte es schließlich jeden. »Ach Wilhelm«, flüsterte sie, »drück mir die Pfoten«. Wilhelm spitzte die Ohren und sprang fast übermütig, für seine Verhältnisse, an ihr hoch und riss sie fast zu Boden. »Na, na, nicht so ungestüm, mein Lieber. Gleich werden wir mehr wissen.«
Da saßen sie, die Clubdamen, fast vollzählig, nur Maria-Louise fehlte. Alle, munter und lebendig, fuchtelten mit den Armen in der Luft herum und riefen: »Hallo, Margarete! Auch wieder da.« »Ach, und der alte Wilhelm lebt ja auch noch«, rief Renate unpassend dazwischen. Wilhelm hob den Kopf und knurrte leise, aber unmissverständlich in ihre Richtung. »Das war jetzt aber nicht nett von dir«, meinte Johanna. Sie schien sich aufrichtig zu freuen, den Wilhelm zu sehen und schenkte ihm einen aufmunternden Blick. Ihr kleiner Zwergpudel, den sie abgöttisch geliebt hatte, hatte sich, wenn auch nicht völlig unerwartet, vor zwei Jahren in den Hundehimmel verabschiedet.

»Maria–Louise kommt erst morgen«, warf Emma dazwischen. »Wir sind auch dieses Jahr wieder komplett!«

Verflixt noch mal! Margarete hatte große Mühe, sich ihre Verärgerung nicht anmerken zu lassen. Sie kochte innerlich vor Wut und Enttäuschung. Die Zornesröte schoss ihr ins Gesicht und drohte ihre Gemütslage zu entlarven. Sollten ihre heimlichen Hoffnungen etwa wieder begraben sein? Sie konnte sich nur mühsam beherrschen und versuchte krampfhaft, ein falsches Lächeln auf ihre Lippen zu zaubern bei dem Gruß in die versammelte Runde.

Wie vorherzusehen war, gab es einen mit dickem Zuckerguss überzogenen Kuchen, in dem bestimmt jedes Stück die Kalorien einer täglichen Essensration in sich barg. Alle redeten wild durcheinander. Wie es ihnen im letzten Jahr ergangen war, was die neuen Hüften machen, die Arthrose im Knie, Bluthochdruck, Herzrasen, Schwindelgefühl und so weiter.

Der Erzählungsaustausch wollte gar kein Ende nehmen, und man konnte fast den Eindruck gewinnen, eine jede wollte die andere mit noch größeren gesundheitlichen Problemen übertreffen. Jede Einzelne von ihnen hatte offensichtlich ungeheure Schmerzen zu ertragen.

Margarete überkam bei diesen ausführlichen und, wie ihr schien, oftmals stark übertriebenen Darstellungen der Damen eine unbändige Wut. Sie empfand tiefen Zorn. »Wenn ihr alle so sterbenskrank seid, warum bleibt ihr dann nicht zu Hause und macht hier endlich mal einen Platz frei?«, dachte sie finster.

»Wartet nur, ihr ehrenwerten Clubmitglieder«, murmelte Margarete vor sich hin, »es dauert sicher nicht mehr lange und ich sitze ebenfalls in der ersten Reihe mitten unter euch.« Sie machte sich eine Stunde später sehr verärgert und schlecht gelaunt auf den Rückweg zu ihrem Wohnwagen.

Sie hatte sich in letzter Zeit angewöhnt, Selbstgespräche zu führen. »Ich drücke mir einfach so sehr die Daumen, dass die alte Maria-Louise bald das Zeitliche segnet.« Margarete saß auf ihrer Terrasse und starrte auf all die Wohnwagen vor ihr, die ihr die Aussicht versperrten. Wie gut, dass sie für alle Fälle noch ihr kleines Fernglas hatte.

Ihr Wunsch, eine gebrechliche Maria-Louise anzutreffen, ging leider nicht in Erfüllung. Maria-Louise reiste einen Tag später in ihrem luxuriösen Wohnmobil an. Sie war die Einzige in der Runde, die ihren alten Wohnwagen vor zwei Jahren aufgegeben hatte. Auf ihren gemieteten 2018er 627GA Sonderedition war sie mächtig stolz, hatte er doch so manchen Schnickschnack aufzuweisen. Wie zum Beispiel ein beeindruckendes Panoramafenster im vorderen Teil des Wohnmobils oder den Spiegel mit indirekter Beleuchtung am Eingang. So ein Gefährt schürte natürlich den Neid der anderen Camperwitwen, die alle in ihren inzwischen in die Jahre gekommenen Wohnwagen hausten. Quirlig und putzmunter hüpfte Maria-Louise in bester körperlicher und geistiger Verfassung aus ihrem Wohnmobil, das sie vertraulich und liebevoll »mein Chaussilein« nannte.

Sie bezog unverzüglich ihren Logenplatz Nummer 4 in

der ersten Reihe. Sportlich, wie sie war, breitete sie als erstes ihre neue Yogamatte aus und begann mit ihren akrobatischen Übungen.

Der Rest der Gruppe erblasste vor Neid ob dieser ungeheuren Fitness. Maria-Louise hatte immerhin ihren Achtzigsten bereits hinter sich. »Das ist doch einfach grausig, wenn alte Menschen sich in rosa Leggings und hellgelbem, knallengem T-Shirt zum Affen machen«, dachte Margarete giftig, als sie die Vorführung durch ihr Fernglas beobachtete. Leider war es ihr nicht möglich, alle Plätze einzusehen. Aber Nummer 4, Nummer 3 und die Hälfte der Nummer 2 konnte sie problemlos überblicken, wenn sie sich auf die Zehenspitzen stellte. Margarete war von Haus aus neugierig und tief überzeugt, dass sie im Leben immer auf der Schattenseite verbracht hatte. Alle anderen Menschen schienen es besser zu haben als sie.

Die Sommerwochen auf »Bella Vista« verliefen in gewohnt gemächlicher Weise. Margarete unternahm mit Wilhelm kleine Spaziergänge am Strand, las nachmittags, gemütlich im Liegestuhl vor dem Wohnwagen, ihre geliebten Liebesromane. Sie hielt ein Schwätzchen mit Luigi, um Neuigkeiten zu erfahren oder wagte ein kleines erfrischendes Bad in den Fluten der frühen Morgenstunden. Hektik war hier nicht angesagt. Man genoss die Ruhe auf dem Platz. Zu Margaretes absoluter Lieblingsbeschäftigung entwickelte sich das geheime Beobachten der Logenplätze durch ihr kleines Fernglas.

Die dicke Elsa schien täglich damit beschäftigt zu sein, Kuchen zu backen und lauthals zu lachen. Rosa war eine eher zurückhaltende Person, die jedoch keinerlei Rücksicht auf ihre und anderer Leute Gesundheit nahm. Maria-Louise gab die sportliche. Dieses ewige Auf-und-ab-Wippen, Kreisen in den Hüften mitsamt ihren gesunden Ernährungstipps konnten auf andere recht ermüdend wirken. Johanna, eine ausgemachte Tierfreundin, war eher ein sanfter Charakter, die immer alles und jedem verzieh. Egal, wie gemein die Witze auf ihre Kosten ausfielen. Renate wusste immer alles besser und war eine ausgemachte Klatschbase. Die letzte in der Runde war Emma. Emma hatte immer zu allem eine Meinung und gab am Ende doch immer allen Recht. Schon ein eigenartiger Haufen, dachte Margarete, und doch wäre sie so gerne ein Teil von ihnen. Sie wollte respektiert werden und ein wenig mit ihren Italienischkenntnissen vor den anderen prahlen.

Natürlich waren sie und Wilhelm ab und an eingeladen, um an einem Kaffeekränzchen der Damen teilzunehmen. Eine Gegeneinladung ihrerseits lehnten sie allerdings stets ab.

Sie hatten es nicht nötig, auf weniger attraktiven Plätzen zu verweilen. Sie bestimmten, wer bei ihnen eingeladen wurde, und man konnte sich glücklich schätzen, wenn man zu den Auserwählten zählte. Die aktuellen Clubwitwen Rosa, Elsa, Emma, Maria-Louise, Johanna und Renate bildeten eine eingeschworene Gemeinschaft. Sie hätten unterschiedlicher nicht sein können, aber gerade das verband sie in ihren ständigen kleinen gegenseitigen Sticheleien.

»So kann es nicht weitergehen«, sagte sich Margarete eines Tages bei einer Tasse Cappuccino auf ihrer Terrasse. Wilhelm lag ausgestreckt im Schatten und blinzelte müde in ihre Richtung. »Wilhelm«, rief sie streng, »wach auf, du fauler Hund, ich sagte, so kann es nicht weitergehen. Hörst du! Falls nicht bald etwas passiert, werden wir nie in den Genuss der ersten Reihe kommen. Also, was schlägst du vor?« Wilhelm verlagerte lediglich seine Position und hob den Kopf. »Ich dachte mir, man könnte die Dinge etwas beschleunigen. Na ja, jetzt schau nicht so entsetzt. Ich dachte, man könnte doch etwas nachhelfen. Nur ein kleines bisschen? Wie wäre es mit einem Badeunfall? Emmas Schwimmreifen könnte zufällig ein Loch haben, aus dem die Luft langsam entwich, und die arme alte Emma würde einfach untergehen. Sie schwimmt mit ihrem Reifen sowieso immer viel zu weit hinaus. Und das bei ihrem bekanntermaßen hohen Blutdruck. Oder ein Abendspaziergang mit einer der Damen hoch zu dem Felsvorsprung. Ein kleiner Stolperer und, huch, schon ist der Sturz hinunter zum Strand nicht mehr aufzuhalten. Auch eine Bootsfahrt wäre eine Überlegung wert – aber nein, das geht auch nicht, da würden die anderen sicher mitkommen wollen.«

»Ich könnte ein Pilzgericht kochen und dann … Nein, das ist auch keine so gute Idee. Einen Tropfen Gift in Johannas Kaffeetasse mischen? Nein, nein, nein, ich bin doch keine Giftmörderin! Schau nicht so, Wilhelm!«

Wilhelm knurrte nun unfreundlich in ihre Richtung. Plötzlich überkamen sie Gewissensbisse. Sollte sie oder sollte sie nicht? Viel Zeit blieb in diesem Jahr nicht mehr, um eine Entscheidung herbeizuführen. Und welche der Damen sollte es treffen? Sie war noch immer unsicher. Welche der Damen war am besten geeignet für ein kleines Attentat?

Sie und Wilhelm waren zu Kaffee und Kuchen im Witwenclub eingeladen. Als sie ankamen, klangen bereits die Sektgläser, und eine lustige Runde war zugange. Margarete wurde ein Stuhl zwischen Maria-Louise und Rosa zugewiesen. Man saß eng beieinander. Margarete ließ sich ausnahmsweise mitreißen, war völlig entspannt, lachte laut mit über jeden Witz und jede Anekdote, welche die dicke Elsa zum Besten gab. Dieses Mal hatte sich die Kuchenbäckerin mit ihrer leckeren schokoladenüberzogenen Cremetorte selbst übertroffen. Die 85-jährige Rosa konnte nicht genug davon bekommen, obwohl sie starke Diabetikerin war. »In meinem Alter«, meinte sie lachend, »kann man sich alles erlauben«, als Emma sie darauf hinwies, vielleicht doch besser etwas zurückhaltender zu sein. In der einen Hand hielt Rosa das Sektglas, in der anderen Hand den Kuchenteller. Sie stand auf, beugte sich nach vorne über den gedeckten Tisch, um an die Kuchenplatte zu kommen. Das war die Chance! Margarete handelte aus einem Impuls heraus. Sie zog reflexartig Rosas Stuhl mit dem Fuß nach hinten. Das alles geschah in Sekundenschnelle. Niemand hatte es bemerkt.

Als Rosa sich wieder setzen wollte, stürzte sie rücklings auf die Betonplatte. Das Aufschlagen ihres Kopfes machte ein fürchterliches Geräusch. Kuchen, Teller und Sektglas flogen in hohem Bogen über den Tisch und landeten verstreut unter den Pinien. Im ersten Moment war es totenstill. Dann brach ein wildes Schreien und Klagen aus. »Hilfe, Hilfe!« Alle redeten durcheinander. »Rosa, Rosa, um Himmels willen!« Rosa lag mit leicht verdrehten Gliedern auf dem Boden und war nicht ansprechbar. Ihre Augen waren weit geöffnet. Sie blickte starr ins Nichts. Das geblümte Sommerkleid war leicht über das von Arthrose geplagte Knie gerutscht, die Haarnadeln hatten sich aus ihrem Dutt gelöst. Aus einer kleinen Wunde am Kopf sickerte etwas Blut und tropfte langsam, aber unaufhaltsam auf ihren verdrehten Unterarm. Rosa bot einen grotesken Anblick, als sie so auf der Betonplatte vor den Wohnwagen lag.

In der Aufregung bemerkte niemand das kleine Lächeln, das Margaretes Mund umspielte. Nun hatte es Rosa erwischt. Reiner Zufall? »Rosa, da hast du eben Pech gehabt«, dachte sie. Hätte eine der anderen neben mir gesessen … Wärst du nicht so gierig gewesen, dich über den halben Tisch zu beugen, nur um ein weiteres Kuchenstück zu ergattern. Dann hättest du Glück gehabt. Die günstige Gelegenheit hatte Margarete heute unerwartet in die Hände gespielt.

»So schnell kann es gehen«, dachte sie, als sie der vorwurfsvolle Blick Wilhelms traf. Dieser war alles andere als wohlwollend. In diesem Moment wurde ihr klar, sie hatte einen Mitwisser, einen Zeugen. »Meine Güte,

Wilhelm, ich tat das doch für uns!« Wilhelm zog den Schwanz ein und würdigte sie keines weiteren Blickes.

Inzwischen wurde der Notarzt alarmiert. Ärzte und Sanitäter verfrachteten Rosa unter den neugierigen Augen der versammelten Campingplatzbewohner in den Sanitätswagen. Nein, sie war nicht tot. Aber wie es mit ihr weitergehen sollte, war völlig unklar. Mit quietschenden Reifen fuhren sie Rosa ins Krankenhaus.

Die Stimmung der Clubmitglieder war getrübt. Immer wieder wurde darüber diskutiert, wie das denn hatte passieren können. »Sie hat ihren Stuhl zu weit nach hinten gestoßen, als sie sich über den Tisch beugte«, warf Renate ein. So musste es gewesen sein. Da waren sich alle einig. Keine von ihnen traf eine Schuld. Es war Schicksal.

Einige Tage später meldete sich Rosas Tochter, um allen mitzuteilen, dass ihre Mutter diesen unglücklichen Sturz überlebt habe, aber wohl nie wieder nach »Bella Vista« zurückkehren könne. Alle Clubmitglieder drückten ihr Bedauern aus.

»Immerhin bin ich keine Mörderin.« Dies wiederholte Margarete immer wieder und wieder. Die Anspannung fiel von ihr ab und machte einer gewissen Freude und Leichtigkeit Platz. Sie hatte es geschafft. Nur Wilhelm kam ihr manchmal komisch vor. Neulich schüttelte er sich ausgiebig und verweigerte sogar ein Leckerli. Er betrachtete sie immer noch argwöhnisch.

Der Club der Camperwitwen kam nach einigen Tagen zusammen, um zu beratschlagen, was zu tun sei. Es war wieder einmal so weit, dass eine von ihnen ausgeschieden war. Platz Nummer 3 in der ersten Reihe war frei geworden. Selbstverständlich würde dieser Platz an Margarete gehen, die auf der Nachrückerliste auf Platz eins stand. Da waren sich nach wie vor alle Mitglieder einig. Sie mochten die aufgeweckte Margarete und den tapsigen Wilhelm sehr. Keine konnte sich für das kommende Jahr eine bessere Nachfolgerin vorstellen. Die Camperwitwen beschlossen, dass aus Pietätsgründen und Respekt gegenüber Rosa der frei gewordene Platz für den Rest des Sommers nicht neu zu besetzen war.

Diese Entscheidung nahm Margarete nur sehr ungern an. Ja, es ärgerte sie maßlos. »Wie findest du das, Wilhelm? Ich könnte vor Wut platzen.« Wilhelm schaute teilnahmslos den Wolken hinterher, was Margarete noch mehr in Rage versetzte. Aber was blieb ihr anderes übrig, als sich wieder zu beruhigen.
Schade, sie hatte so gehofft, sofort in die Loge zu ziehen. Gut, dann würde es eben nächstes Jahr der Fall sein. Das ließ sich eben nicht ändern. Auf keinen Fall wollte sie sich die Freude auf den Logenplatz verderben lassen. Sie lächelte und sang den Rest des Tages vor sich hin. Sie konnte es immer noch nicht so richtig glauben. Sie hatte es geschafft!

Drei Wochen später traten sie und Wilhelm die Heimreise an. Bevor es so weit war, gab es eine kleine Abschiedsparty im Club der Camperwitwen, deren stolzes Mitglied sie ja nun war. Auch der unglücklich gestürzten Rosa gedachte man kurz, anschließend erhoben alle die Gläser und stießen auf das nächste Campingjahr an. »Wir, der Club der Camperwitwen, sollen hochleben. Prost!« Die Gläser klirrten, und alle verabschiedeten sich wortreich.

Glücklich, mit einem breiten Grinsen im Gesicht, näherte sich Margarete dem Brennerpass mit den vielen Baustellen und lokalen Umleitungen. »Ach Wilhelm, ist es nicht wunderbar! Wir haben es geschafft! Im kommenden Jahr werden wir auf diesem unglaublich schönen Platz Nummer 3 auf »Bella Vista« residieren.«

»Wuff, wuff«, ließ Wilhelm leise verlauten und rollte sich auf seiner Decke auf dem Rücksitz zusammen. Er bereitete sich auf sein tägliches Nachmittagsschläfchen vor und legte den Kopf auf seine Pfoten.

Italienische Schlager dröhnten lautstark aus dem Autoradio und Margarete träumte vor sich hin und überlegte, wie es in den zukünftigen Sommermonaten auf Platz Nummer 3 in der ersten Reihe werden würde. Wahrscheinlich wird sie sich neue Campingstühle anschaffen, die mit den lindgrünen Bezügen, welche sie erst neulich in der Schaufensterauslage des Campingladens gesehen hatte. Passend dazu ein neues, ausladendes Vordach für ihren Wohnwagen in den gleichen Farbtönen. Eine schöne Lichterkette mit bunten Lämpchen wäre auch sehr schön. Dazu vielleicht …

Jäh wurde sie aus ihren Gedanken gerissen.
Was ist das denn?
Habe ich das Baustellenschild übersehen?
Bin ich auf einer Nebenstraße gelandet?
Ihre Gedanken überschlugen sich.

Das riesige gelbe Baustellenfahrzeug, das plötzlich um die Kurve schoss und auf sie zuraste, war das Letzte, was Margarete wahrnahm.

HÉRAULT

Was fällt dir ein anzurufen?«
»Wir haben ein Problem.«
»Ich weiß. Sie hat etwas, was uns gehört.«
»Brauchen wir es wirklich?«
»Du nicht mehr, wenn du es nicht holst.«

Elly Hanmann saß auf dem Balkon ihrer kleinen Zwei-Zimmer-Wohnung in München und rechnete. Die Zahlen sagten ihr deutlich, dass sie kein Geld hatte, um in den Urlaub zu fahren. Deutschland nervte sie total. Sie hatte Sehnsucht nach Okzitanien und dem Hérault.

Sie schluckte und verbot sich zu weinen. Hans ist nicht mehr da! Früher war sie mit ihm durch ganz Europa in seinem Wohnmobil gereist. Bevor er bei dem Motorradunfall ums Leben gekommen war. Hätte sie damals nicht ihre Freundin Clara Leuras, aus dem Feldenkrais Kurs gehabt, hätte sie sich wahrscheinlich aus Verzweiflung etwas angetan. Seine Eltern gaben ihr die Schuld für den frühen Tod ihres Sohnes. Absoluter Blödsinn! Was sie damals nicht wusste, war, dass sie einen Schlüssel besaßen. Während sie sich in der Arbeit befand, hatten sie alle Sachen von Hans aus ihrer Wohnung geholt. Auch die, die sie sich gemeinsam gekauft hatten und ihr Bargeld. Nichts war ihr von ihm übriggeblieben. Bis auf die Erinnerung und ein paar Fotos auf ihrem Handy.

Entschlossen rief sie ihren Bekannten Luis an. Er vermietete Wohnmobile. Zwei Wochen später fuhr sie in einem Wohnmobil GA627 Richtung Frankreich.

Glücklicherweise hatte Clara ihr noch den Tipp gegeben, einen »Pass Étape« und einen »France Passion Sticker« zu kaufen. Damit konnte sie auf dem Platz in Serignan-les-plages übernachten. Sie schob die Karte in den Parkautomat des öffentlichen und gesicherten Wohnmobilstellplatzes. Elly freute sich, dass die Übernachtung in der Hochsaison nur zwölf Euro kostete. Zwei Minuten später rollte sie durch die Schranke und tankte Frischwasser. Sie steckte den Strom an. Todmüde fiel sie ins Bett und schlief augenblicklich ein.

Am nächsten Morgen kroch sie verstrubbelt aus dem Nachtlager. »So gut habe ich schon lange nicht mehr geschlafen.« Die Sonne strahlte. Sie breitete ihre Arme weit aus und atmete tief durch. Ein Windhauch streichelte die Baumspitzen. Sie blickte zum Himmel und das Gefühl erfasste sie, dass Hans ihr einen Gruß schicken wollte. »Ich liebe dich auch«, murmelte sie und holte das Fahrrad aus der Heckgarage.

Sie stieg auf und radelte in ein Bistro. Zum ersten Mal seit neun Monaten erahnte sie, dass es nicht nur Trauer und Verzweiflung in ihrem Leben gab. Genussvoll schloss sie die Augen und biss in ihr in Kaffee getunktes Croissant.

Am Strand versank sie mit den Füßen im Sand. Wie konnte sie nur vergessen, wie sehr sie das liebte! Sie legte sich in die Sonne. Der Wind strich über ihren Körper. Die Luft roch nach Salz. Träge plätscherten die Wellen an das Ufer. Gegen Ende des Tages kaufte sie Baguette, Käse und Wein. Sie konnte es sich nicht verkneifen einen kleinen Abstecher auf die Chemin des Orpellières zu machen. Am Abend war die Straße ruhig und nicht so lebhaft wie am Tag. Hans und sie waren immer den Weg, der längs dem Fluss Orb führte, entlang geradelt. Sie fotografierte die untergehende Sonne. »Für dich, Liebster. Ich wäre so gerne bei dir.« Traurig schickte sie das Foto an ihre Freundin Clara und ging noch einmal an das Meer. In Gedanken an ihren toten Freund breitete sie das Handtuch aus und holte ihren Proviant aus dem Rucksack. »Lieber Hans, auch wenn ich mir den Fünf Sterne Campingplatz, auf dem wir so gerne waren, nicht leisten kann, bin ich doch hier am Strand. Wo immer du auch bist. Ich liebe dich. Prost.«

»Pardon.« Elly zuckte zusammen.

»Parlez–vous français?

Sie schüttelte den Kopf. »Deutsch?« Sie nickte.

»Bon. Es tut mir leid, wenn ich störe. Aber eine schöne Frau sollte nie allein sitzen am Abend am Strand. Und nicht, wenn sie so traurig schaut.«

Sein französischer Akzent klang so hinreißend, dass Elly ihm nicht sofort eine Abfuhr erteilte.

»ören Sie. aben sie bitte auch ein Wein für mich?«

»Ich suche nicht nach einem Mann.«

»Und ich suche nach einem netten Gespräch und einem Wein. ier.«

Erst jetzt fiel ihr auf, dass er eine kleine Picknicktasche bei sich trug.

»Ich abe die Dessert mitgebracht.«

»Ach, wussten Sie, dass Sie mich hier treffen würden?«, neckte ihn Elly übermütig.

Für einen Moment verdunkelten sich seine Augen. »Non, aber zu zweit trinkt und isst sich besser. Keine Angst, ich nicht beißen. Ich bin Léo.«

»Elly.«

Es wurde ein kurzweiliger und angenehmer Abend. Léo wollte Elly unbedingt nach Hause begleiten. Aber das fühlte sich nicht richtig an. Es ging ihn nichts an, wo sie lebte. Sie verabschiedeten sich und verabredeten sich unverbindlich für den nächsten Tag. Elly ließ sich Zeit damit ihr Fahrrad aufzuschließen. Léo stieg in sein Auto und fuhr davon.

Es war stockfinster. Sie war die Einzige auf der Straße. Kurz hielt sie an. »Es ist, als ob ich die Stille hören könnte.« Elly verzog das Gesicht. »Jetzt führe ich schon Selbstgespräche!« Kurz fasste sie mit ihrer Hand auf ihren Brustbeutel, den sie unter ihr T-Shirt gesteckt hatte. Erleichterung machte sich in ihr breit. Er war noch da, mitsamt Handy. Entschlossen trat sie in die Pedale. Da! Sie stoppte. Hatte sie etwas gehört? »Muss am Wein liegen«, versuchte sie sich zu beruhigen. Endlich kam sie am Stellplatz an. Diese Nacht putzte sie die Zähne im Wohnmobil.

Sie träumte davon, dass die Tür sich öffnete und ein seltsamer Gegenstand hineingeworfen wurde. Ein rundes

Teil lag im Gang ihres Wohnmobils. Es strömte Rauch aus.

Sie fing an zu schreien, schmiss ein Kissen darüber und warf es aus der Tür. Zwei Männer standen davor. Elly schrie und schrie. In den umliegenden Wohnmobilen gingen die Lichter an. Jetzt erst wurde Elly klar, dass sie nicht mehr träumte. Die Männer waren verschwunden. Die übrigen Camper, die aus den unterschiedlichsten Ländern stammten, trösteten sie rührend.

Als die Police Municipale eintraf, hatte sich Elly halbwegs beruhigt. Ihre Nachbarn sprachen französisch und deutsch und übersetzten für sie. »Wir müssen das Wohnmobil untersuchen. Momentan können Sie es nicht benutzen. Haben Sie eine andere Möglichkeit?«

Die Nachbarin tätschelte ihre Hand. »Wenn es in Ordnung ist, können Sie gerne bei uns übernachten. Morgen sehen wir weiter.«

Elly zitterte am ganzen Leib. »Ja, vielen Dank. Ich verstehe das nicht. Ich habe doch nichts.«

»Führen Sie etwas Wertvolles mit sich?«, wurde sie von dem Polizisten gefragt.

»Nein, ich habe mir sogar von meiner Freundin das Geld für den Urlaub geliehen.«

Eine Frau mit einem Hund trat auf den Platz. Er beschnüffelte das Wohnmobil.

»Was soll das?«, fragte Elly ängstlich.

»Das ist nur zu Ihrem Besten.« Die Frau betrat mit

dem Hund den Camper. Er schlug an.

»Haben Sie Drogen in Ihrem Besitz?« Der Ton des Polizeibeamten wurde schärfer.

»Ich? Nein. Noch nie. Ich halte nichts von Drogen. Also Alkohol trinke ich schon, hin und wieder.«

Die Hundehüterin trat aus dem Auto. Sie hielt eine kleine Plastiktüte in der Hand. »Das nennen Sie nichts? Das ist eine ernste Sache. Holen Sie sich schnell Rechtsbeistand.«

Elly rief ihre Freundin Clara an. »Clara, sorry, ich weiß es ist mitten in der Nacht. Aber kannst du mir helfen? Dein Bruder ist doch Rechtsanwalt.« Sie erklärte die Situation so gut sie konnte.

»Hören Sie«, sprach der Polizist sie an und zeigte auf den Fund. »Das sind eine ganze Menge gebündeltes Geld. Ein kurzer Check hat ergeben, dass sich zumindest auf einigen Scheinen Spuren von Kokain befinden. Was haben Sie dazu zu sagen?«

»Nichts, es tut mir leid, ich weiß wirklich nicht. Ich, ich, keine Ahnung.« Elly brach in Tränen aus.

Der Polizist war sich nicht sicher, ob sie ihm etwas vorspielte oder es ehrlich meinte. Zuviel hatte er diesbezüglich schon erlebt.

Die Hundeführerin stupste ihn an. »Es ist ein gemietetes Wohnmobil, das kann von sonst wem sein. Glauben wir ihr mal. Sie soll bei den Nachbarn übernachten. Ihre Personalien und Fingerabdrücke haben wir. Den Schlüssel vom Wohnmobil behalten wir. Dann kann sie eigentlich nicht weg.«

Als Elly am Morgen gerädert aufwachte, fuhr die Police Municipale gerade vor.

»Frau Hanmann. Weder auf der Plastiktüte noch auf den Geldscheinen konnten Ihre Fingerabdrücke festgestellt werden. Wir haben den Besitzer des Wohnmobils schon kontaktiert. Hier haben Sie Ihre Schlüssel zurück.«

»Darf ich fahren?«

»Bitte warten Sie noch einen Tag, falls Fragen aufkommen. Dann können Sie gerne fahren. Ist das für Sie in Ordnung?«

Elly zögerte. »Ja, okay.«

An diesem Tag mied Elly Orte, an denen sie allein war. Sie fuhr mit ihrem Fahrrad Richtung Valras Plages und setzte mit dem kleinen Boot »Lily Passeur« zu der Touristenhochburg über. An Land angekommen, sah sie Léo.

»Léo, bonjour Léo.« Sie fuchtelte mit den Händen.

Er drehte sich zu ihr um. »Ah, ma petite Elly.« Sie gaben sich dreifache Küsschen auf die Wangen.

Elly war froh ihn zu sehen. »Haben Sie Zeit? Ich will zu einer Eisdiele am Ende der Fußgängerzone.«

»Naturellement. Gerne. Muss olen meine Schwester mit Sohn von Lego Museum in einer Stunde. Bis dahin geht.«

»Super, Sie glauben nicht, was mir gestern Nacht passiert ist.« Léo hörte sich ihr Gebrabbel geduldig an.

Zwischendurch musste er nachfragen, wenn er etwas nicht verstand. »Pardon, deutsch nicht so gut.«

»Ah, non mon français ist Katastrophe!«

Lachend sahen sie sich an. Die Stunde ging schnell vorüber. »ören Sie. Ich bringe Schwester zur otel und dann komme ich zurück. Schöne Frau soll nicht allein sein. Nicht nach gestern Nacht.«

Elly war erleichtert. Sie wartetet gerne, bis er zurückkam.

»Ich abe mon vélo mit mir. Gibt gutes Lokal am Strand.« Elly sah ihn an. Er lächelte. »Keine Sorge. Pas d'amour. Vielleicht?«

Es gab frischen Fisch, Gemüse, Kartoffelstampf mit viel Butter zum Hauptgang, ein fantastisches Amouse bouche vorneweg. Bei der Nachspeise musste Elly passen. Sie tätschelte ihren Bauch. »Tut mir leid. Soooo, lecker, aber ich bin randvoll. Ich hätte das Eis vorher nicht essen sollen. Und weißt du was, Léo? Ich habe nicht einmal an den Einbruch gedacht. Vielen Dank dafür.« »Super, ich bringe dich eim. Damit du kommst sicher zu ause.« Dieses Mal überlegte sie nicht lange. »Ja, sehr gerne.«

»Wir nehmen Wein mit. Ist so fein. Trinken einen Schluck und dann ich fahre.«

»Pst, alle schlafen schon«, kicherte Elly leise.

»Ich sehe, ob niemand in Auto. Du wartest.«

»Ja, danke.«

»Du kannst kommen rein. Alles bon.«

»Willst du noch ein Glas Wein?« Elly betrat das Wohnmobil. Sie erstarrte vor Schreck.

Léo stand am Bett. Eine Pistole in der Hand. Er richtete die Waffe auf sie.

»Es tut mir sehr leid. Du bist so eine super Frau. Wenn du mir geben, was ich brauche, passiert dir nichts. Ich mag dich doch.« Er bewegte sich einen Schritt auf sie zu. »Wage es nicht zu schreien. Meinen Kollegen jetzt noch der Kopf kaputt von dem Geschrei gestern Nacht. Kein Mux! Sonst bist du tot.«

Elly stand wie versteinert da. »Was willst du?«

»ast du es jemandem gesendet?«

»Was, was verdammt noch mal?«

»Das Foto, das du beim Sonnenuntergang gemacht ast. Das andy, ich brauche das andy. Lege es auf den Tisch, ganz langsam. Sonst muss ich bedauerlich schießen.«

Elly verstand nichts. »Aber, die Fotos darauf sind die einzigen Erinnerungen an Hans. Das darfst du mir nicht wegnehmen!«

Er trat einen Schritt auf sie zu. Ein unglaublicher Drang am Leben zu bleiben, stieg in ihr auf.

»Warte, warte ich habe es im Brustbeutel, unter meinem T-Shirt.«

»Keine Spiele!«

»Nein, nein, wirklich nicht. Ich mache gaaanz langsam und hole den Brustbeutel. Siehst du! Jetzt öffne ich ihn und nehme das Handy heraus.« Ellys Gehirn ratterte. Sie konnte ihn beschreiben. Wenn er das Handy hatte, würde er sie dann erschießen? Sie erschrak. Sie hatte Clara das Foto geschickt! Instinktiv warf sie das Handy nach ihm. Ein Schuss ertönte. Sie stürzte aus der Tür des Wohnmobils und blieb liegen.

»Elly, Elly, wach auf. Bitte Elly, wach auf.«

Elly öffnete die Augen. Rund um sie herum, nahm sie

Blaulicht wahr. Neben ihr standen ein Krankenwagen, Polizeiautos und aufgeregte Camper. »Na, Sie machen ja Sachen, Kindchen,« versuchte ihre Nachbarin sie aufzuheitern. Auch ein wenig sich selbst.

»Wo ist er?«

»Alles gut, Elly. Er ist verhaftet.«

»Clara, was machst du hier?« Elly versuchte sich aufzurichten. Sanft drückte Clara sie wieder auf den Boden.

»Alles ist gut, liebe Freundin. Bin ich froh, dass du am Leben bist.«

»Und ich erst«, grinste Elly. Schmerzend verzog sie das Gesicht.

»Als du mich gestern angerufen hast, bin ich sofort ins Auto gesprungen, um zu dir zu fahren. Kurz hinter Marseille hat mein Bruder angerufen.« Sie hielt kurz inne. »Ich hatte nicht viel, was ich ihm schicken konnte von deinem Aufenthalt hier, also habe ich das Foto vom Sonnenuntergang an ihn gesandt. Rechts, zwischen den letzten Sonnenstrahlen und dem dunklen Gebüsch konnte er einen Schatten erkennen.

Er hat das Bild vergrößert. Es zeigt einen Mann, der am Boden kniet. Ein anderer Mann drückt ihm eine Pistole an die Schläfe. Ich habe sofort die Polizei angerufen.«

Clara konnte es immer noch nicht fassen. »Um ein Haar hätte ich dich verloren.«

»Oh, gut, jetzt kapiere ich endlich. Bleib da, ja? Ich muss jetzt schlafen.« Elly spürte nicht mehr, wie sie auf die Trage gelegt wurde und in den Krankenwagen geschoben wurde. Clara stieg mit ein und hielt ihr die Hand.

Am nächsten Morgen lächelten sich die beiden Freundinnen an. Sie waren erschöpft und benommen, aber glücklich zusammen zu sein. Claras Handy klingelte.

»Elly, die Dolmetscherin der Polizei.« Sie stellte das Mobil auf laut.

»Ja.«

»Frau Hanmann, wie geht es Ihnen?«

»Ich lebe.«

»Und darüber sind wir auch sehr froh. Hören Sie, ich soll Ihnen von meinen Polizeikollegen etwas ausrichten. Es befinden sich zu wenig nachweisbare Spuren von Kokain auf den Geldscheinen. Somit wird es nicht zur Anzeige kommen. Der Besitzer des Wohnmobils sagt, dass das Geld ihm nicht gehört und er nichts davon weiß. De facto können Sie es behalten. Erholen Sie sich und alles Gute. Besuchen Sie mal wieder unser schönes Frankreich.«

»Also brauchst du keinen Rechtsbeistand mehr. Sehr schön«, atmete Clara auf. »Weißt du schon, was du jetzt machen willst?«

Elly sinnierte. »Oh ja, ich glaube schon. Ein Wohnmobil anzahlen, ein Studio für Feldenkrais und Physiotherapie eröffnen und ...«, bewusst setzte sie eine Kunstpause, »vor allem will ich ab sofort eine ganze Menge Leben.«

Danke

Liebe Leser:innen,

die Arbeit an »TEILWEISE KRIMINELL« hat wieder unglaublichen Spaß gemacht. Allen Beteiligten gebührt mein Dank.

Bei dem buntgewürfelten Autor:innenteam, Erika Kiechle-Klemt, Adam S. Preuß und Anja Puhane, die ihr Knowhow, was Schreiben und auch die Reisen im Camper betrifft, so großzügig weitergegeben haben, bedanke ich mich ganz herzlich. Auch wenn die Geschichten fiktiv sind, existieren viele der erzählten Orte. Danke für Eure Offenheit an den Texten zu arbeiten, um noch besser zu werden.

Ich möchte mich auch bei unserer Cover-Designerin, Anne Gebhardt, bedanken, die unser Konzept in ein wunderschönes, ansprechendes Kunstwerk umgewandelt hat. Das Cover ist oft das Erste, was die Leser sehen, und ich bin stolz darauf, dass unseres so gut aussieht. Danke dafür!

Lesungen können Glück bringen. Nach einer Lesung mit mir sind die Lektorin und Korrektorin Désirée Wörner so gut ins Gespräch gekommen, dass daraus eine Zusammenarbeit entstanden ist. Danke dafür, dass Sie sich die Zeit genommen haben, unsere Arbeit zu lesen und zu verbessern. Ihr Engagement und Verständnis für unsere Texte sind ein Geschenk.

Meinem Sohn Manuel Westhagen gebührt ebenfalls ein liebevoller Dank. Er hat dafür gesorgt, dass unser Buch auf den Seiten schön und leicht lesbar aussieht. Die richtige Schriftart, das perfekte Layout und die attraktive Formatierung machen es den Leser:innen viel leichter, sich in das Buch zu vertiefen.
Vielen Dank für Deine harte Arbeit und das wunderbare Ergebnis.
Dann sind da noch: Der Vertrieb, Social Media Kreative, der Buchhandel, und, und, und. Herzlichen Dank!

Und ich danke allen unseren Leser:innen, die uns immer wieder das Zutrauen geben, neue Geschichten zu finden und aufzuschreiben. Falls Sie mal einen Gegenstand haben, der in der Reihe »TEILWEISE KRIMINELL« erscheinen soll, feel free. Senden Sie mir eine Mail. Mal schauen, ob was daraus wird.

Herzliche Grüße

Claudia Westhagen

Teilweise Kriminell

Die Reihe TEILWEISE KRIMINELL geht weiter. Episodisch, kurz.

Welche Geschichten Sie erwarten? Lassen Sie sich überraschen. Gleicher Gegenstand, gleicher Ort. Sie werden Menschen begegnen, die Sie schon kennen. Auch neuen Schicksalen werden Sie folgen können. In jedem Fall: TEILWEISE KRIMINELL.

Folgen Sie uns auf facebook, Instagram und www.my-show.org.

Bisher erschienen:
Band 1: TEILWEISE KRIMINELL - Die Parkbank
Band 2: TEILWEISE KRIMINELL - Die Schneiderpuppe
Band 4: TEILWEISE KRIMINELL - #dasprepaidhandy

Die nächsten Titel lauten:
Band 5: TEILWEISE KRIMINELL - Der Wohnwagen
Band 6: TEILWEISE KRIMINELL - Die Banane

»Unter dem Olivenbaum«

Autor:innen
Rudolf Georg
Stefanie Gregg
Margit Heumann
Hannelore Koch
Brigitte Lamberts
Kerstin Lange
Sibyl Quinke
Ursula Schmid-Spreer
Joachim Speidel
Barbara Steuten
Claudia Westhagen
Fenna Williams

Unter dem Olivenbaum, 01
ISBN: 978-3-946-505-28-0
Preis: € 14,90

Jeden Sonntag im Herbst lädt die warmherzige Patronin Dorotea Esposito auf ihren Gutshof in Ligurien ein. Unter einem uralten knorrigen Olivenbaum nehmen Feriengäste und Nachbarn an der festlich gedeckten Tafel Platz.

Während sie die Köstlichkeiten der regionalen Küche genießen, teilen die Gäste Erlebnisse, die sie tief berührt haben, oder berichten von Gehemnissen, die erst unter der warmen Sonne Italiens ans Licht kommen. Dabei entsteht ein einzigartiges Potpourri aus kraftvollen Liebesgeschichten, packenden Krimis und Momenten heiterer Gelassenheit.

»Unter dem Olivenbaum« ist mehr als eine Sammlung von Erzählungen – es ist eine faszinierende Vielfalt menschlicher Emotionen, Intrigen und leidenschaftlicher Abenteuer.

Eine literarische Reise in die Welt des Genusses und fesselnder Geschichten, die das Leben feiert.

»Teilweise Kriminell«

Autor:innen

Hannelore Koch
Martina Pahr
Anja Puhane
Claudia Westhagen
Monika Westhagen

Band 04

#Das Prepaidhandy
ISBN: 978-3-946-50525-9
Preis: € 10,90

Geliebt und anerkannt werden will jeder Mensch. Aber wo finde ich Liebe und Respekt? Wie weit gehe ich, um dieses Ziel zu erreichen?

Drogen, Unterschleif und Cybermobbing werfen bedrohliche Schatten auf den Lebensweg unterschiedlicher Menschen in Europa. Ihre Geschichten sind geprägt von Mut, wahrer Freundschaft und der Suche nach Liebe und der eigenen Identität.

Werden Sie den Stürmen der Zeit standhalten oder hilflos scheitern? Eine inspirierende Reise, die zeigt, dass selbst in den düstersten Momenten Hoffnung leuchtet.

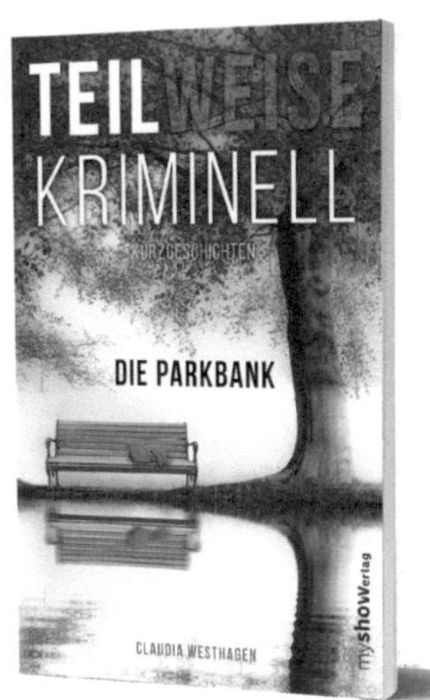

Autorin

Claudia Westhagen

Band 01

Die Parkbank
ISBN: 978-3-946505-29-7
Preis: € 9,90

Die blaue Parkbank dient als ein Ort der Einsamkeit und Sehnsucht, aber auch als Treffpunkt für gefährliche Begegnungen und Verbrechen.

Autor:innen

Anja Puhane
Claudia Westhagen

Band 02

Die Schneiderpuppe
ISBN: 978-3-946-50531-0
Preis: € 10,90

Ziehen Sie sich warm an und begleiten Sie die Schneiderpuppe in die umkämpfte Welt der Mode und der High Society. Aber Achtung: Der Schein trügt!

Impressum

Bibliographische Information der Deutschen Nationalbibliothek
Die Deutsche Bibliothek verzeichnet diese Publikation in der Deutschen Nationalbibliographie; detaillierte bibliographische Daten sind im Internet über www.dnb.de abrufbar.

myshow Verlag, Fraunhoferstraße 5, 82152 Planegg

Überarbeitete Neuauflage: 21.03.2024

www.my-show.org

Umschlagdesign: Anne Gebhardt, https://annegebhardt.design
Umschlagfotos: Adobe Stock, Envato Elements
Korrekorat: Wortspirit, Désirée Wörner
Satz und Layout: Manuel Westhagen
Autor:innen in Reihenfolge: Claudia Westhagen, Adam S. Preuß, Anja Puhane, Erika-Kiechle Klemt
Printed in EU
ISBN: 978-3-946505-30-3